F/G/S GRAPHICA
FELIPE TABORDA
GABRIEL MARTÍNEZ
SONIA DÍAZ

GRAPHIC IBEROAMÉRICA GRÁFICA
MASTERS / MAESTROS

FÉLIX
BELTRÁN

Experimenta Libros

INTRO / INTRODUCCIÓN

In a short text it is practically impossible to qualify or describe the importance of Félix Beltrán in the world design panorama. His extensive activity—as well as his longevity—is surprising and places him in a unique place in the history of Ibero-America.

Félix Beltrán was born in Havana, Cuba, in 1938, and was a Mexican national by birth and a U.S. citizen. In 1956 he traveled to the United States, where he graduated from the School of Visual Arts and the American Art School, both in New York. He also studied at the Art Students League in New York. He was a fellow of the New School for Social Research, New York, of the Graphic Art Center-Pratt Institute, New York, and of the Council for International Exchanges of Scholars, Washington, D.C. Years later, from 1965 to 1966, he studied at the Circulo de Bellas Artes, Madrid.

Since 1963 Félix gave lectures and courses at national and international events, and among his main activities it is worth mentioning that he proposed and participated in the preparations for the first experimental basic design course at the Escuela de Instructores de Arte, Havana. In 1988 he was founder and curator of the Artis Gallery, as well as he first International Graphic Design Archive in Latin America that bears his name at the UNAM, Universidad Autónoma Metropolitana, Mexico City. In 1989 he was the founder of the Códice Gallery at the Instituto Nacional de Bellas Artes, Mexico City.

Living in Mexico City since 1982, Felix has written 4 books, his articles and interviews have been published nationally and internationally, and 3 books on his work have been published. His works have participated in 66 solo exhibitions, 7 of these in museums and 456 group exhibitions. In 2005 he proposed an exhibition that became the Ibero-American Biennial of Design, he was appointed in 2007 Member of its Advisory Committee, and from 2008 one of its presidents.

"Félix Beltrán: the last graphic designer of the classics". Enric Satué

En un breve texto es prácticamente imposible calificar o describir la importancia de Félix Beltrán en el panorama mundial del diseño. Su extensa actividad —además de su longevidad— sorprende y le coloca en un lugar único en la historia de Iberoamérica.

Félix Beltrán nació en La Habana, Cuba, en 1938, y tuvo nacionalidad mexicana por nacimiento y estadounidense. En 1956 viaja a Estados Unidos, donde se diploma en la School of Visual Arts y en la American Art School, ambas de Nueva York. Además estudió en el Art Students League de Nueva York. Fue becario de la New School for Social Research, Nueva York, del Graphic Art Center-Pratt Institute, Nueva York, y del Council for International Exchanges of Scholars, Washington, D.C. Años después, de 1965 a 1966, estudió en el Circulo de Bellas Artes de Madrid.

Desde 1963 Félix Beltrán impartió conferencias y cursos en eventos nacionales e internacionales, y entre sus principales actividades es de destacar el proponer y participar en los preparativos del primer curso de diseño básico experimental en la Escuela de Instructores de Arte, La Habana. En 1988 fue fundador y curador de la Galería Artis, así como del primer Archivo de Diseño Gráfico Internacional en América Latina que lleva su nombre en la Universidad Autónoma Metropolitana, Ciudad de México. En 1989 fue fundador de la Galería Códice del Instituto Nacional de Bellas Artes, Ciudad de México.

Viviendo en la Ciudad de México desde 1982, Félix escribió 4 libros, sus artículos y entrevistas se han publicado a nivel nacional e internacional, también se han publicado 3 libros sobre su trabajo. Sus obras han participado en 66 exposiciones individuales, 7 de estas en museos y 456 exposiciones colectivas. En 2005 propuso una exposición que se convirtió en la Bienal Iberoamericana de Diseño, fue nombrado en 2007 Miembro de su Comité Asesor, y a partir del 2008 uno de sus presidentes.

APPROACH / ENFOQUE

Félix Beltrán (1938-2022) was the most intellectual Ibero-American designer of his time. His designs present a conceptual approach based on the search for a simplifying idea strongly influenced by Bauhaus constructivism, Swiss style and North American modernism that permeated him through abstract art or chromatic abstraction, concrete art, minimalism, optical art and pop art.

Félix Beltrán says that simplicity is not that which is lacking, but that which is not surplus. Therefore, it is the elimination of unnecessary parts to establish the desired communication. The simpler a design proposal is, the easier it is to remember. To achieve this, it is necessary to understand very well what you want to say, to whom you are going to say it and how you are going to say it. This book is an approach to his "method" of work: nonconformity and the search for the improvement of society through design.

Félix Beltrán (1938-2022) fue el diseñador iberoamericano más intelectual de su época. Sus diseños presentan un enfoque conceptual basado en la búsqueda de una *idea simplificadora* fuertemente influida por el constructivismo de la Bauhaus, el estilo suizo y el modernismo norteamericano que le impregnó a través del arte abstracto o abstracción cromática, el arte concreto, el arte óptico, el minimalismo y el pop art.

Félix Beltrán dice que la simplicidad no es aquello a lo que le falta, sino que es a lo que no le sobra. Por lo tanto, es la eliminación de las partes innecesarias para establecer la comunicación deseada. Cuando más simple sea una propuesta de diseño, es más fácil de recordar. Para lograrlo es necesario entender muy bien qué se desea decir, a quién se le va a decir y cómo se va a decir. Este libro es un acercamiento a su «método» de trabajo: la inconformidad y la búsqueda de la mejora de la sociedad a través del diseño.

Teresa Camacho
Universidad Anáhuac, México

Símbolos desde Cuba de Félix Beltrán.EDA, México · El Sol de México en la Cultura · 1986

EYES OPEN / OJOS ABIERTOS

Anyone who dreams of becoming a graphic designer should first wake up and keep their eyes open. Designers have daily contact with society, they are part of it and they want to influence it. In this sense, design is not only history, but it also wants to make it. Design plays a much more fundamental role than we think.

Quien sueña con ser diseñador gráfico debería primeramente despertar y conservar los ojos abiertos. El diseñador tiene un contacto cotidiano con la sociedad, forma parte de ella y pretende influir sobre ella. En ese sentido el diseño no solamente es historia sino que pretende hacerla. El diseño desempeña un papel mucho más fundamental del que suponemos.

LAS SEÑALES EVITAN ACCIDENTES

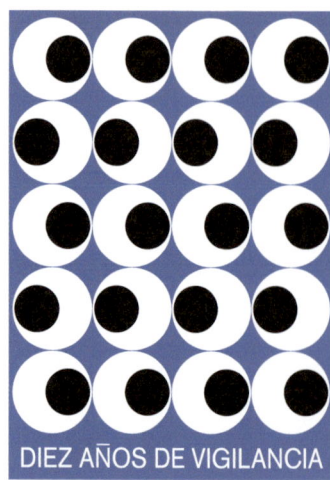

DIEZ AÑOS DE VIGILANCIA

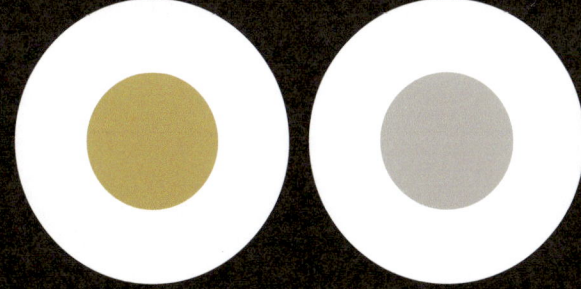

EVITELO USANDO LOS ESPEJUELOS

DESIRES / DESEOS

The desire for a personal style is another constant among specialists. In the practice of graphic design, the "how" is derived from the needs; consequently, the specialist, like an actor, should adapt to his roles, not to his desires. I don't pretend to have a style, I have constants. Design sometimes repeats some ideas; this is justified as reiteration, as insistence.

La aspiración a un estilo propio es otra de las constantes entre los especialistas. En la práctica del diseño gráfico el cómo se deriva de las necesidades; en consecuencia, el especialista, como un actor, debería adaptarse a sus papeles, no a sus deseos. Yo no pretendo tener un estilo, tengo constantes. El diseño a veces repite algunas ideas; ello se justifica como reiteración, como insistencia.

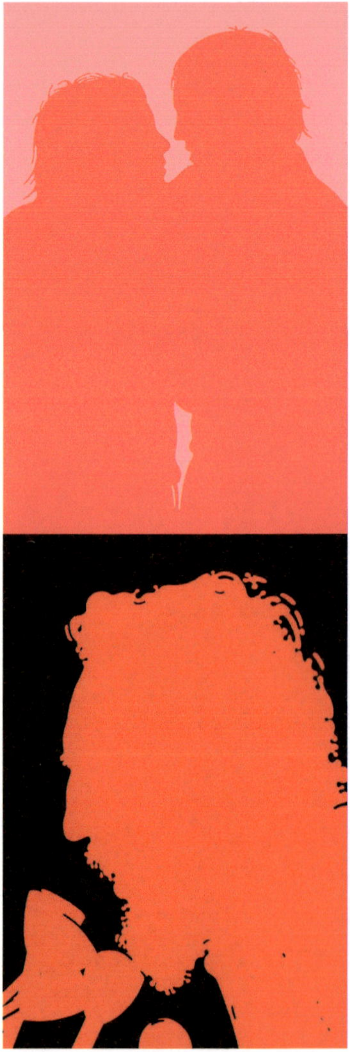

Maestro : Félix Beltrán

Ilustración · ICAP Instituto Cubano de Amistad con los Pueblos · 1970

ESSENCE / ESENCIA

Pictograms could be defined as a simplified representation that does not alter the proportions, where profile positions predominate, as do the achromatic aspect and the lack of details that would be imperceptible from a distance. In this sense, the simplification characteristic of Picts becomes necessary in order to offer only the main thing. Reducing means finding the simplest expression of an object, its natural essence.

Se pudiera definir los pictos como una representación simplificada que no altera las proporciones, donde predominan las posiciones de perfil, lo acromático y la carencia de detalles que resultarían imperceptibles a la distancia. En este sentido la simplificación propia de los pictos se convierte en necesaria para ofrecer sólo lo principal. Reducir significa encontrar la expresión más simple de un objeto, su esencia natural.

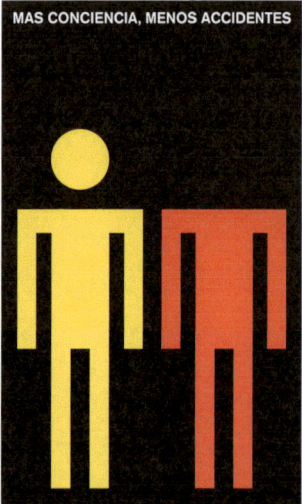

MAS CONCIENCIA, MENOS ACCIDENTES

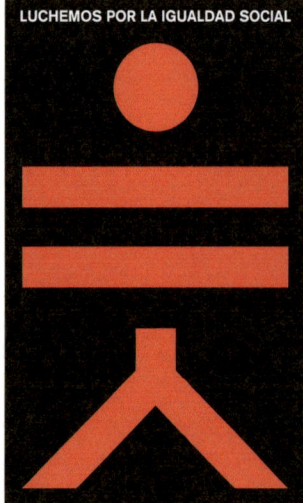

LUCHEMOS POR LA IGUALDAD SOCIAL

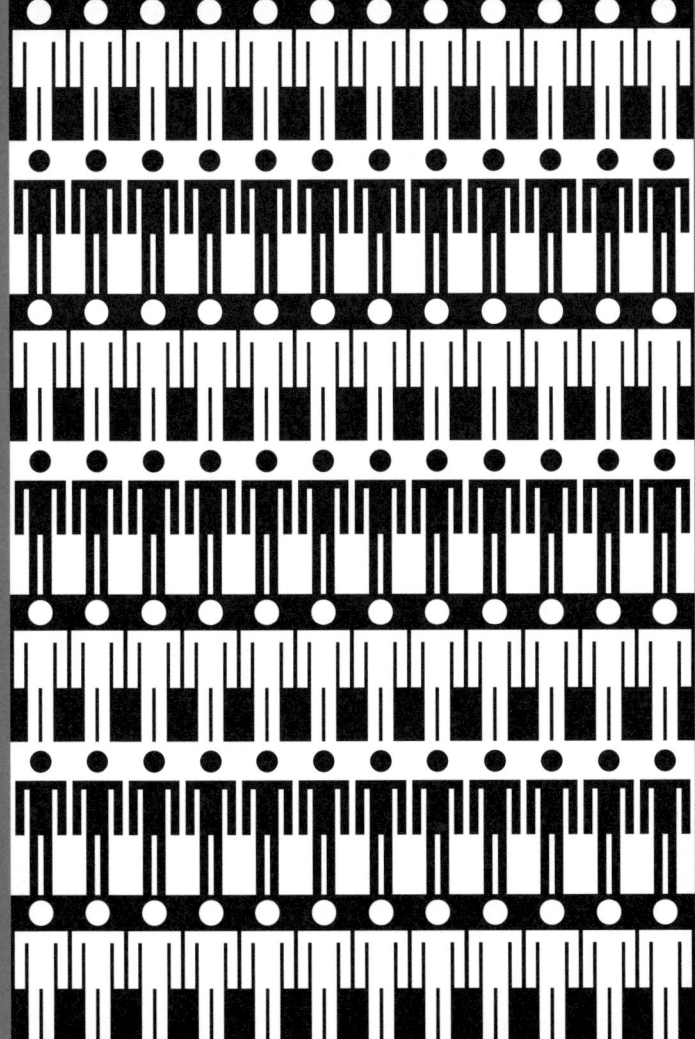

PROCESS / PROCESO

**The abstraction of form
is the presence of space,
and the presence of space
is the "materialization" of
nothingness, the subtraction
of form. The brilliant Bob Gill
clarified that "a design cannot
be grasped in the hand. It is
not a thing. It is a process.
A system. A way of thinking."**

La abstracción de la forma
es la presencia del espacio,
y la presencia del espacio es
«materialización» de la nada,
la substracción de la forma.
El genial Bob Gill aclaraba que
«un diseño no se puede agarrar
con la mano. No es una cosa.
Es un proceso un sistema,
una forma de pensar».

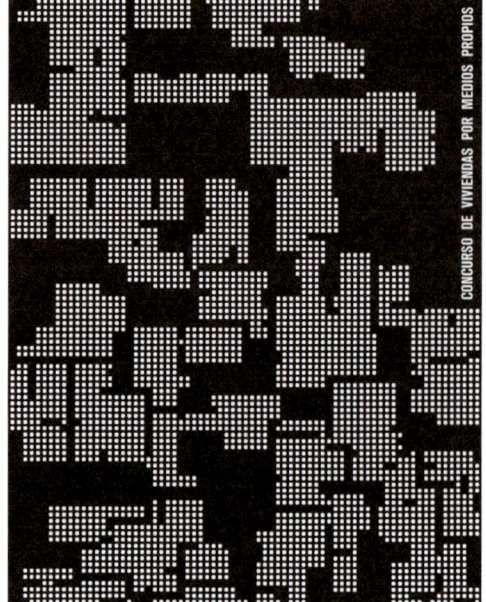

CONCURSO DE VIVIENDAS POR MEDIOS PROPIOS

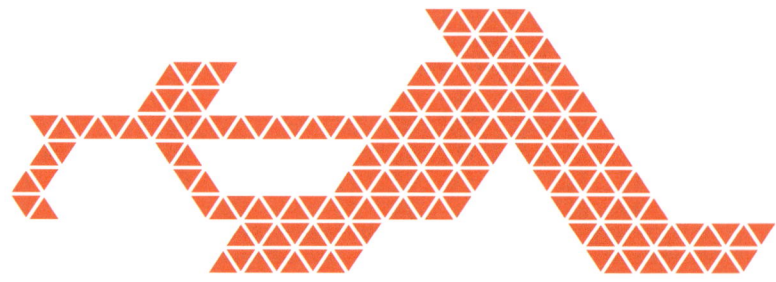

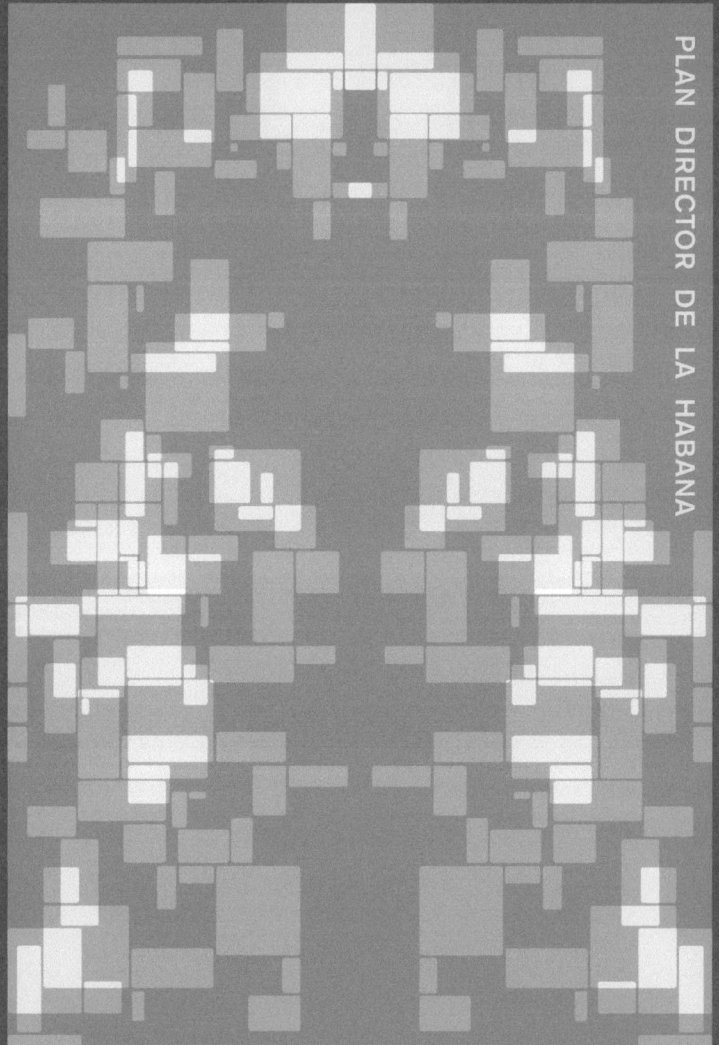

PLAN DIRECTOR DE LA HABANA

Folleto · MICONS · Ministerio de la Construcción · s.f.

CONTROL / CONTROL

In a free country, one can say "no" to a client, but in Cuba this was not possible, since the Revolution and its messages were considered infallible. I remember that once I made an illustration of Che in fluorescent yellow and someone told me that it was too carnivalesque and did not reflect his symbolic importance... This gives an idea of the importance of controlling messages in propaganda.

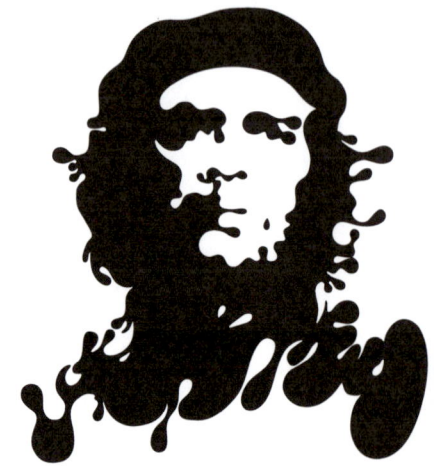

En un país libre uno puede decirle «no» a un cliente pero en Cuba esto no era posible ya que la Revolución y sus mensajes se consideraban infalibles. Recuerdo que una vez hice una ilustración del Che con un color amarillo fluorescente y alguien me dijo que era demasiado carnavalesco y que no reflejaba su importancia simbólica... Esto da una idea de la importancia por controlar los mensajes en la propaganda.

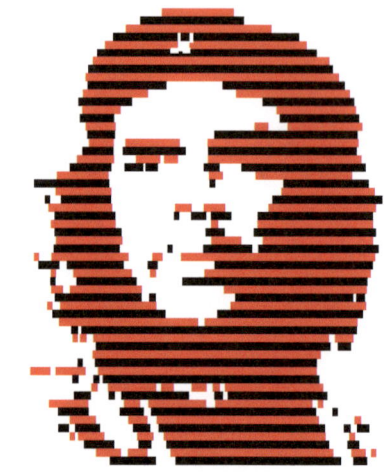

Ernesto Che Guevara · Guerrillero Internacionalista · DOR · 1977

INTENTIONS / INTENCIONES

There is confusion about what is graphic design and what is painting. I maintain that they are the same thing. The difference is in the intentions and in the typography, which is the most important resource in graphic design. Furthermore, we must not forget that the text is an arbitrary image and is not similar to what it replaces.

Hay confusión en cuanto a qué es diseño gráfico y qué es pintura, yo afirmo que es lo mismo, la diferencia está en las intenciones y en la tipografía que es el recurso más importante en el diseño gráfico. Además, no debemos olvidar que el texto es imagen arbitraria y no es parecida a lo que sustituye.

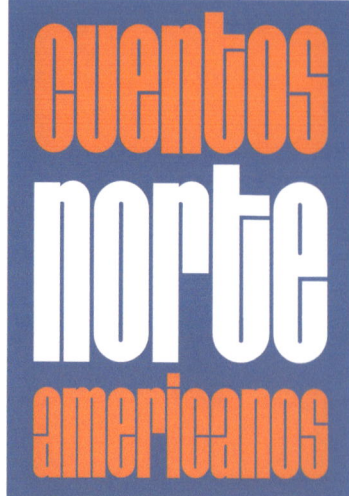

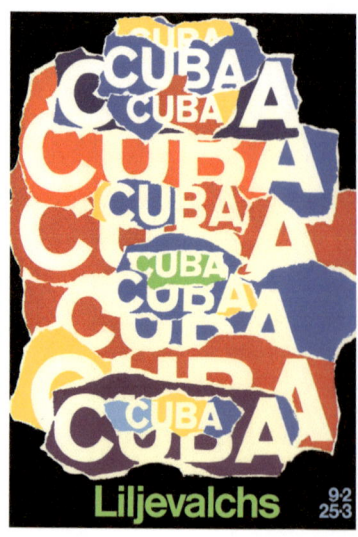

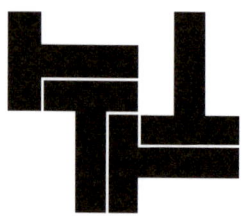

Maestro : Félix Beltrán

BOOM BOOM BOOM BOOM

BOOM EL 15 DE FEBRERO DE 1898 ESTALLO EL CRUCERO MAINE QUE SE ENCONTRABA EN LA HABANA

TRENDS / TENDENCIAS

All design theories can be grouped into two trends: one considers graphic design as a sequence of media, where creativity is part of these media for the persuasion of an audience. The other considers creativity as the main aspiration of graphic design.

Todas las teorías del diseño pudiéramos alinearlas en dos tendencias, una que considera el diseño gráfico como una secuencia de medios y donde la creatividad es parte de esos medios para la persuasión de un público. La otra considera la creatividad como la principal de las aspiraciones del diseño gráfico.

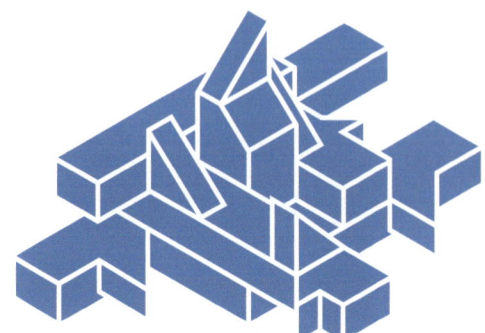

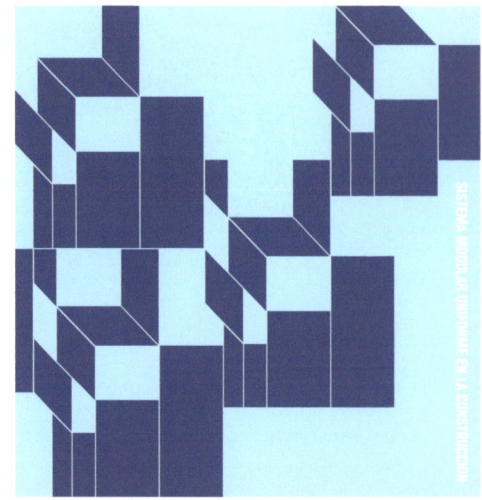

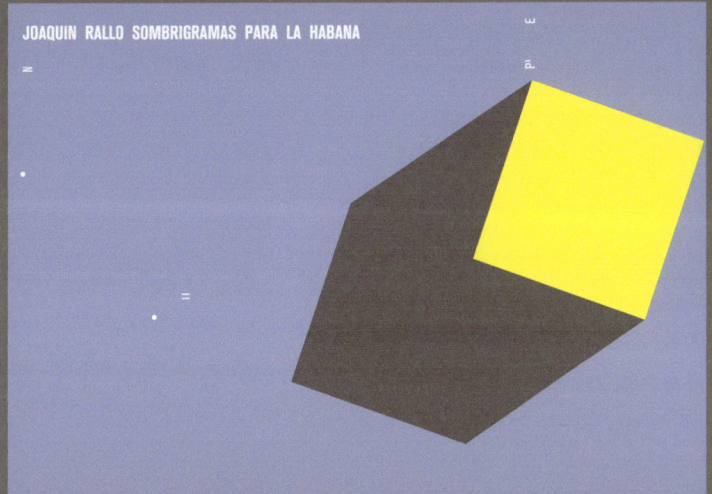

JOAQUIN RALLO SOMBRIGRAMAS PARA LA HABANA

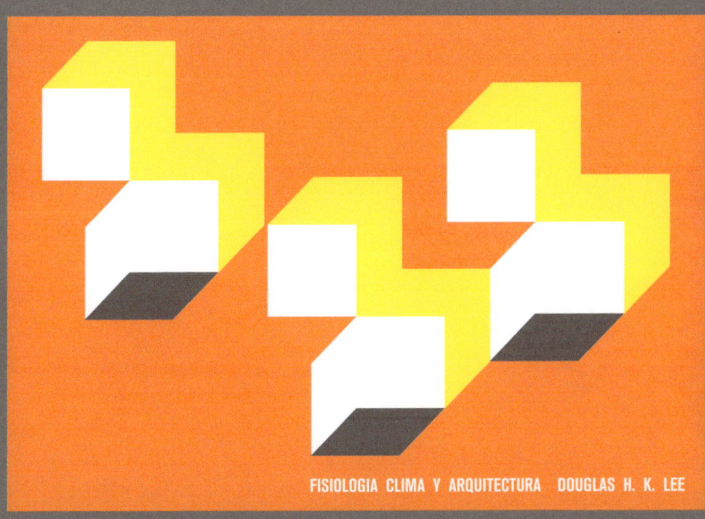

FISIOLOGIA CLIMA Y ARQUITECTURA   DOUGLAS H. K. LEE

Folletos · MICONS · Ministerio de la Construcción · s.f.

REVOLVE / GIRAR

The future is the future and it offers new perspectives, although I have not found substitutes for Bob Gill, Paul Rand, Josef Müller-Brockmann, Saul Bass, or many others. These professionals were not tired of certain repetitive solutions and all of them were perfectionists in not neglecting the details, that is why I believe that they have not been replaced by anyone.

El futuro es el futuro y ofrece nuevas perspectivas, aunque yo no he encontrado sustitutos a Bob Gill, ni a Paul Rand, ni a Josef Müller-Brockmann, ni a Saul Bass, ni a muchos otros. Estos profesionales no estaban cansados con ciertas soluciones repetidas y todos ellos eran perfeccionistas en no descuidar los detalles, por eso creo que no han sido reemplazados por nadie.

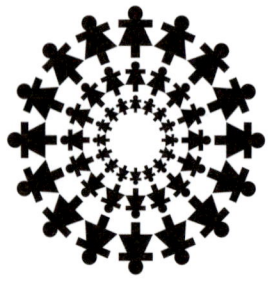

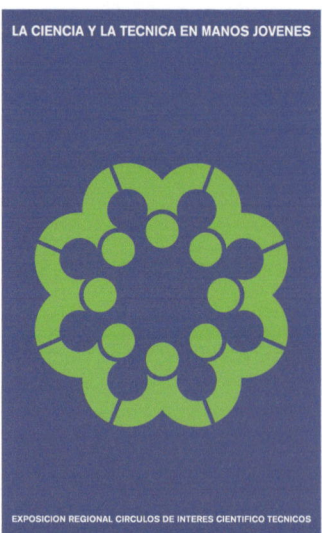

LA CIENCIA Y LA TECNICA EN MANOS JOVENES

EXPOSICION REGIONAL CIRCULOS DE INTERES CIENTIFICO TECNICOS

EL PRESENTE ES DE LUCHA. EL FUTURO ES NUESTRO

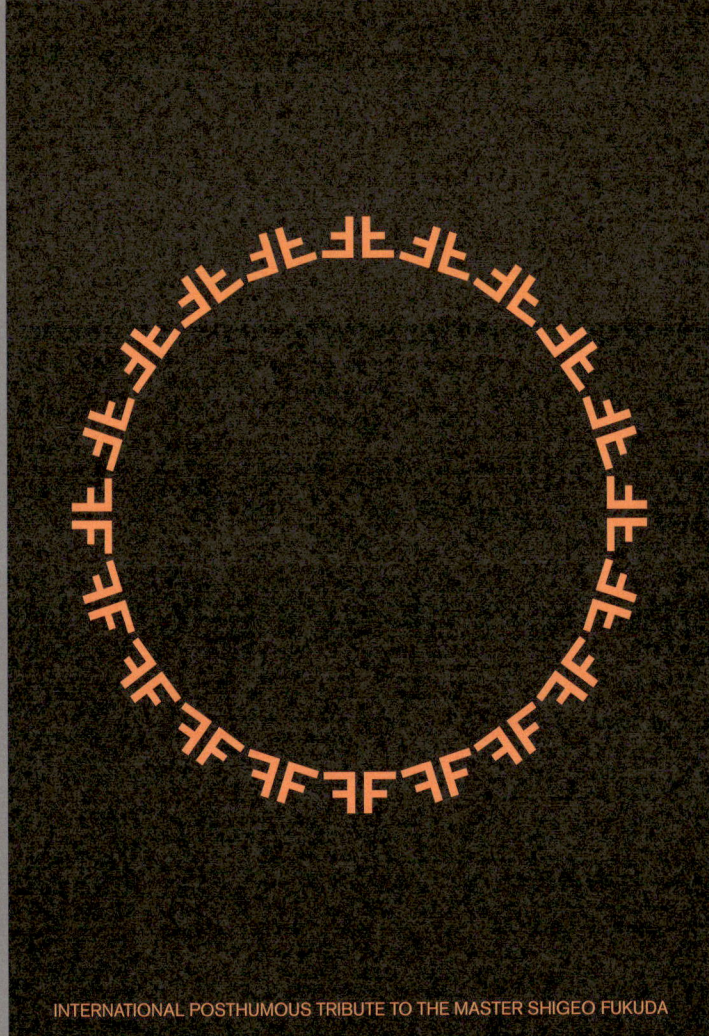

INTERNATIONAL POSTHUMOUS TRIBUTE TO THE MASTER SHIGEO FUKUDA

SANITY / CORDURA

A certain sense of economy was an essential aspect of Josef Albers' teaching in order to instill in his students the idea that from a minimum of elements maximum efficiency in results could be achieved. One of the concepts that he used to repeat was that a work was good when there was nothing left over. The analysis of visual illusions as part of experiments was another basic element of his teaching. Unlike Johannes Itten, Josef Albers saw in arbitrariness a sense of irresponsibility.

Cierto sentido de la economía era faceta esencial de la didáctica de Josef Albers para instalar en sus alumnos la idea de que a partir de un mínimo de elementos se podía alcanzar máxima eficiencia en los resultados. Uno de los conceptos que solía repetir era que un trabajo era bueno cuando no sobraba nada. El análisis de las ilusiones visuales como parte de los experimentos era otro elemento básico de su didáctica. A diferencia de Johannes Itten, Josef Albers veía en la arbitrariedad un sentido de irresponsabilidad.

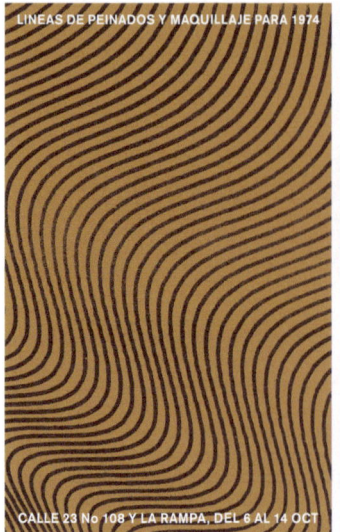

LÍNEAS DE PEINADOS Y MAQUILLAJE PARA 1974

CALLE 23 No 108 Y LA RAMPA, DEL 6 AL 14 OCT

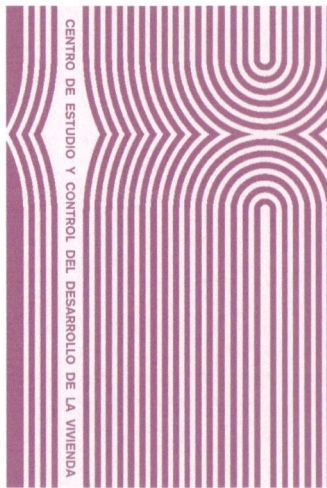

CENTRO DE ESTUDIO Y CONTROL DEL DESARROLLO DE LA VIVIENDA

6 AUTORES CUBANOS 10 OBRAS PARA GUITARRA

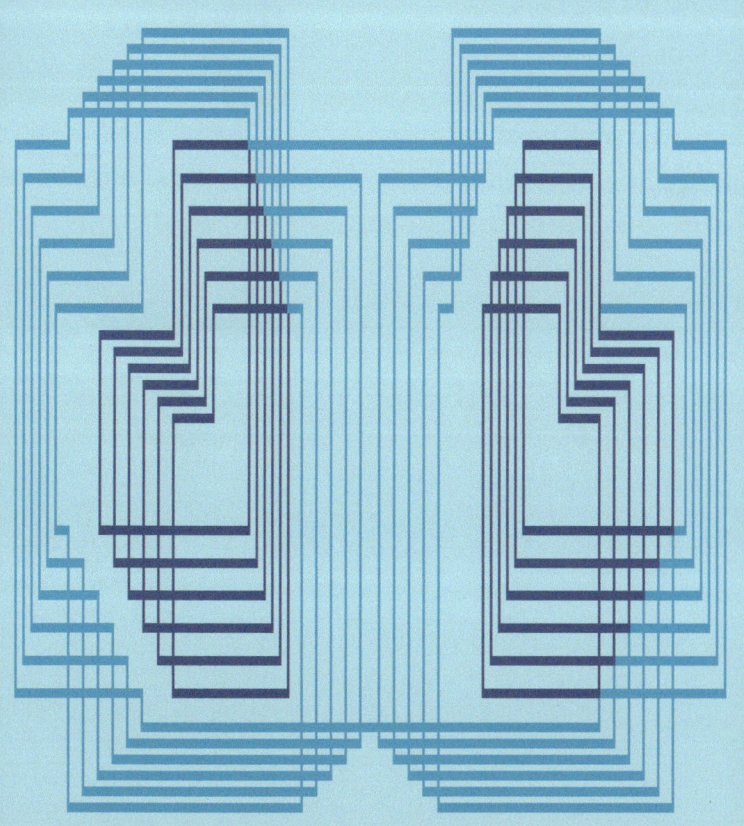

Portada · Cuadernos de Música · Editora Musical de Cuba · 1967

SWEETEN / EDULCORAR

The aesthetics of the design have to be consistent; I don't think about aesthetics, I think about what needs to be done. The problem is that the sweetener in the design has had a very strong influence. In Mexico there are people who repeat the phrase "design is not a cherry on top", understood as something that you put on food and it looks good. It is a touch of color on the ice cream.

La estética del diseño tiene que ser consecuente; yo no pienso en estética, pienso en qué hace falta hacer. El problema es que el edulcorante en el diseño ha tenido un peso muy fuerte. En México hay gente que repite la frase «el diseño no es una guinda», entendido como algo que le pones a la comida y luce bien. Es un toque de color sobre el helado.

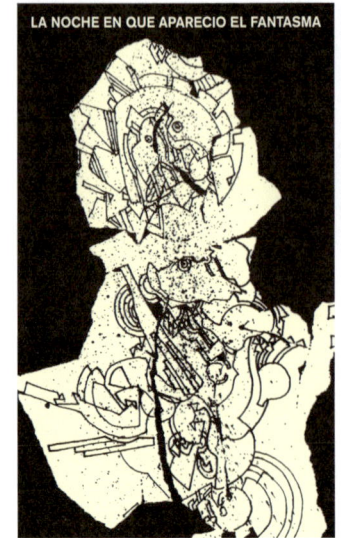

LA NOCHE EN QUE APARECIO EL FANTASMA

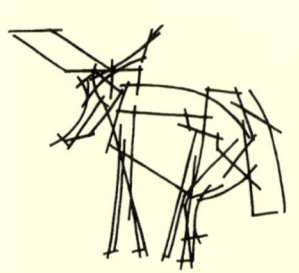

el burro se ha cansado obra de teatro moderno en tres actos que esta siendo representada en sala de teatro moderno

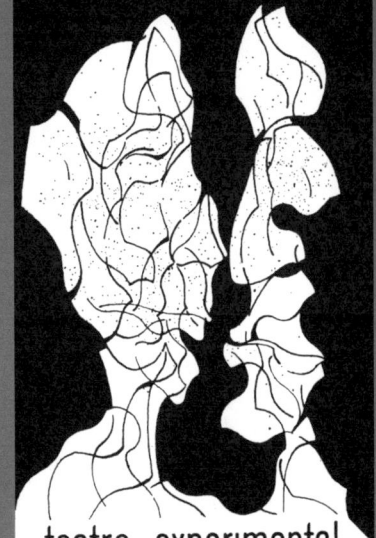

teatro experimental
de japon en la sala
de teatro romero en
calle alma 8 madrid

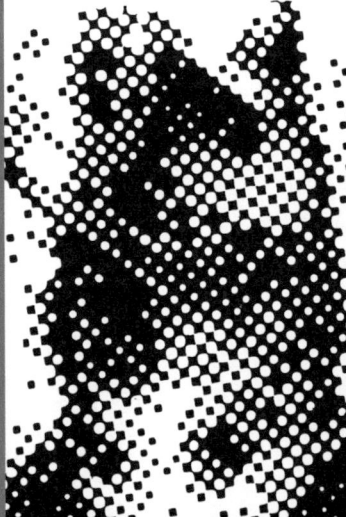

teatro experimental
de japon en la sala
de teatro romero en
calle alma 8 madrid

CULTURE / CULTURA

Culture is something that allows you to maintain an attitude. The people I have dealt with in this profession have great insight and a fairly broad culture, they are not people who just make do. They are, above all, tireless workers. Today, everything is fast. We want this career to be as fast to achieve as it is to do. But, really, when it comes to conceptualizing, we still have tremendous uncertainty.

La cultura es algo que te permite mantener una actitud. La gente que he tratado en esta profesión tiene una gran perspicacia y una cultura bastante amplia, no son gente improvisada. Son, sobre todo, trabajadores incansables. Hoy, todo es rápido. Queremos que esta carrera sea tan rápida en conseguir como en hacer. Pero, realmente, a la hora de conceptualizar seguimos teniendo una incertidumbre tremenda.

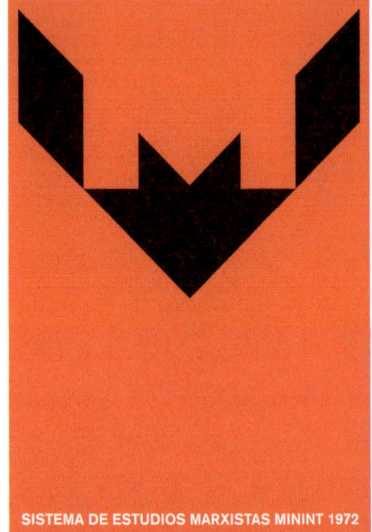

SISTEMA DE ESTUDIOS MARXISTAS MININT 1972

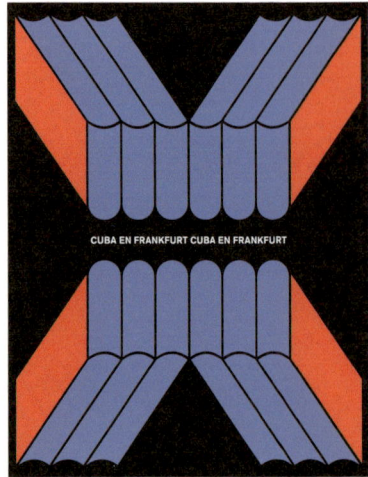

CUBA EN FRANKFURT CUBA EN FRANKFURT

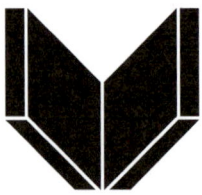

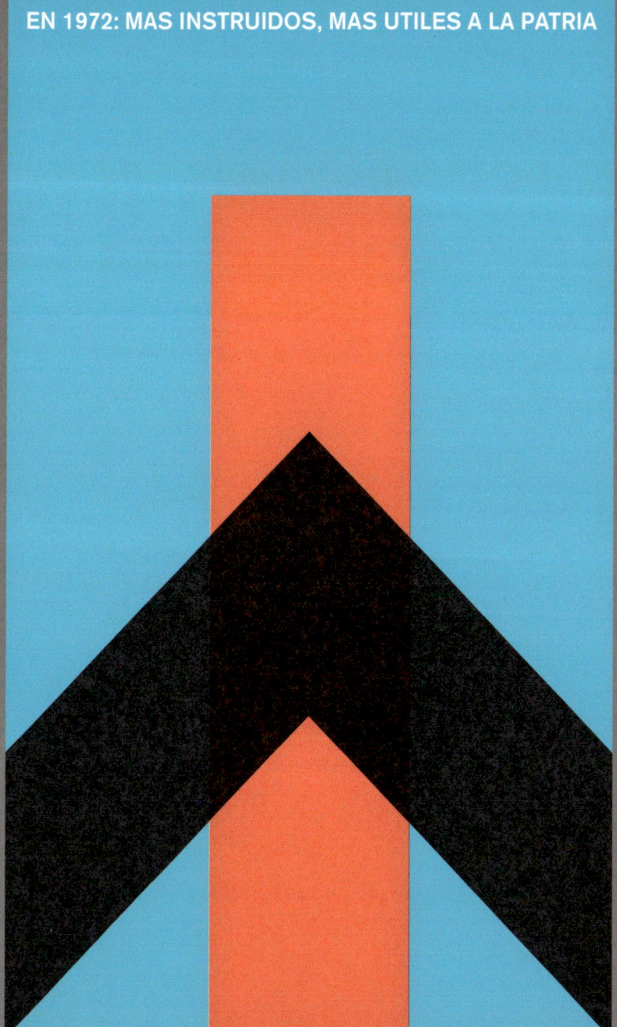

Cartel · Comisión de Propaganda MININT · 1972

ENCODE / CODIFICAR

Every thought is expressed through a codified form, that is, through a system of signs that includes letters. And each letter implies as many mental associations in the receiver as there are visual reading codes. The alphabet is an image despite its arbitrariness in relation to its conditioning realities and is based on an oral antecedent.

Todo pensamiento se expresa mediante una forma codificada, es decir, por un sistema de signos que incluye a las letras. Y cada letra implica tantas asociaciones mentales en el receptor como códigos de lectura visual existan. El abecedario es imagen a pesar de sus arbitrariedades en relación a sus realidades condicionantes y parte de un antecedente oral.

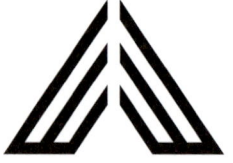

28   Maestro : Félix Beltrán

Alfabeto Stencil · ca. 1970

Escuela Provincial de Artes · 1970
Alfabeto Ciril · 1974 (Primera fuente de letras cirílicas en Latinoamérica)

ABC
MNO

АБВ
НОП
ЩЫЮ
0123

DEFGHIJKL

PQRSTUV

ДЕЖЗЙКЛМ

СТУФХЦЧШ

ЮЯ⇄()¿?¡!$

56789

EMPHASIS / ÉNFASIS

There has always been a synthesis in my work. Not to complicate, not to want to say too much, to say the main thing, to emphasize. It is a problem in communication, as well as in writing, certain things need to be emphasized and sometimes what should not be emphasized is emphasized more. Synthesis is a very complicated thing, it is a double-edged sword, because it is easy to over-synthesize and the audience will not be able to decode it.

Siempre ha habido una síntesis en mi obra. No complicar, no querer decir mucho, decir lo principal, enfatizar. Es un problema en la comunicación, al igual que en la redacción, hay que destacar ciertas cosas y a veces se destaca más lo que no se debería subrayar. La síntesis es algo muy complicado, es un arma de doble filo, porque lo más fácil es que te pases de síntesis y que la decodificación por parte del público no sea posible.

EN ESTE MUNDO NO TODOS SOMOS FELICES

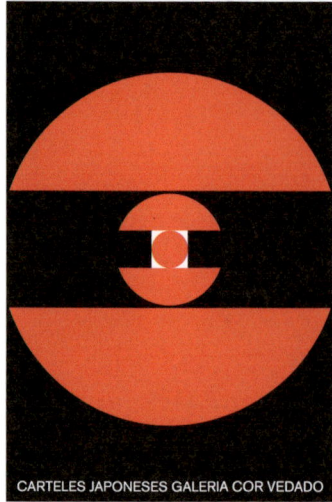

CARTELES JAPONESES GALERIA COR VEDADO

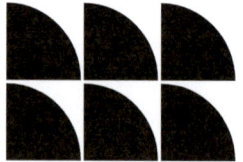

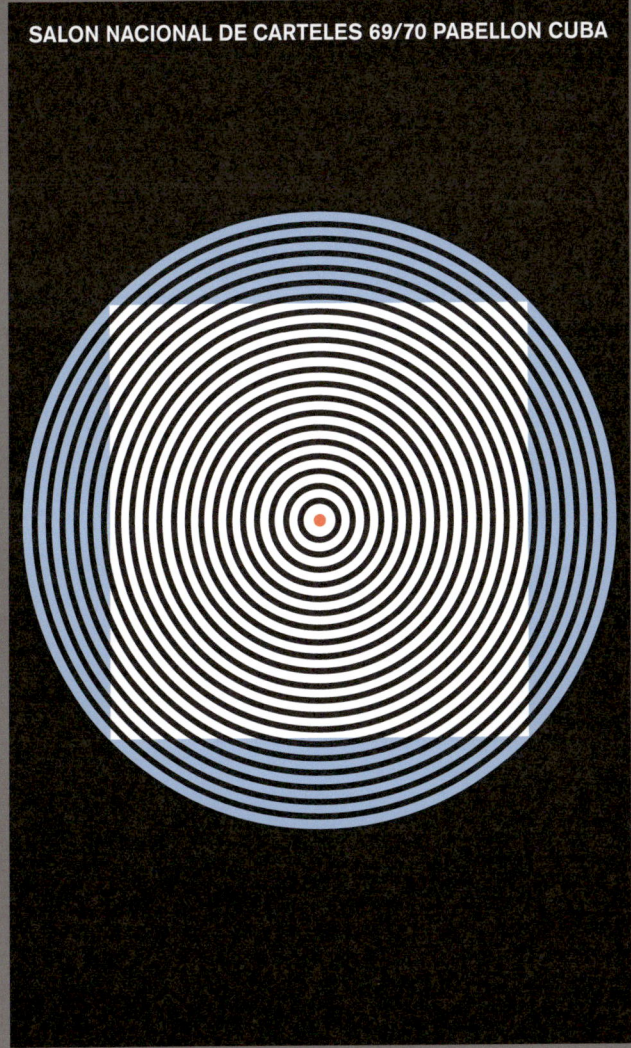

SALON NACIONAL DE CARTELES 69/70 PABELLON CUBA

Cartel para el Pabellón de Cuba · COR · 1970

MIXTURE / MEZCLA

Identity is not a disguise, it is also eclectic because we are eclectic, because we are a mixture of cultures and I am concerned about the sense in which this can respond to national or social interests. Identity must be preserved, cared for, nothing is created from nothing. We have history behind us, although we cannot remain stuck in the pre-Hispanic, we must aspire to transcend it, because that is the inevitable evolutionary sense.

La identidad no es un disfraz, también es ecléctica porque somos eclécticos, porque somos una mezcla de culturas y me preocupa en qué sentido eso puede responder a los intereses nacionales o a los sociales, la identidad se debe conservar, cuidar, nada se crea de la nada. Tenemos atrás la historia aunque no podemos quedarnos encasquillados en lo prehispánico hay que aspirar a trascenderlo, porque así es el inevitable sentido evolutivo.

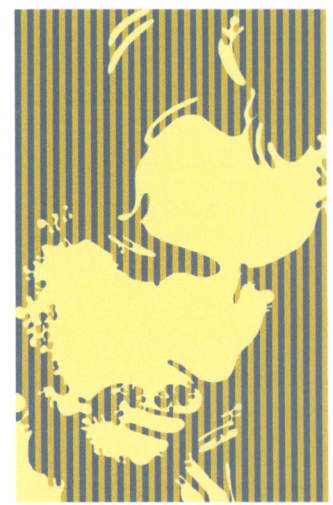

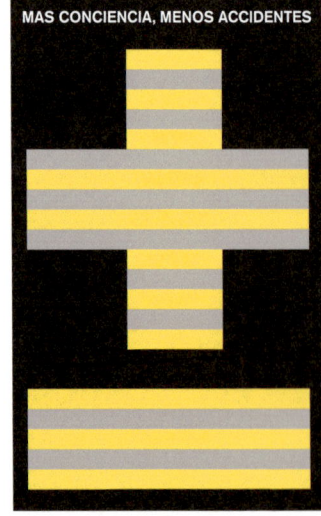

MAS CONCIENCIA, MENOS ACCIDENTES

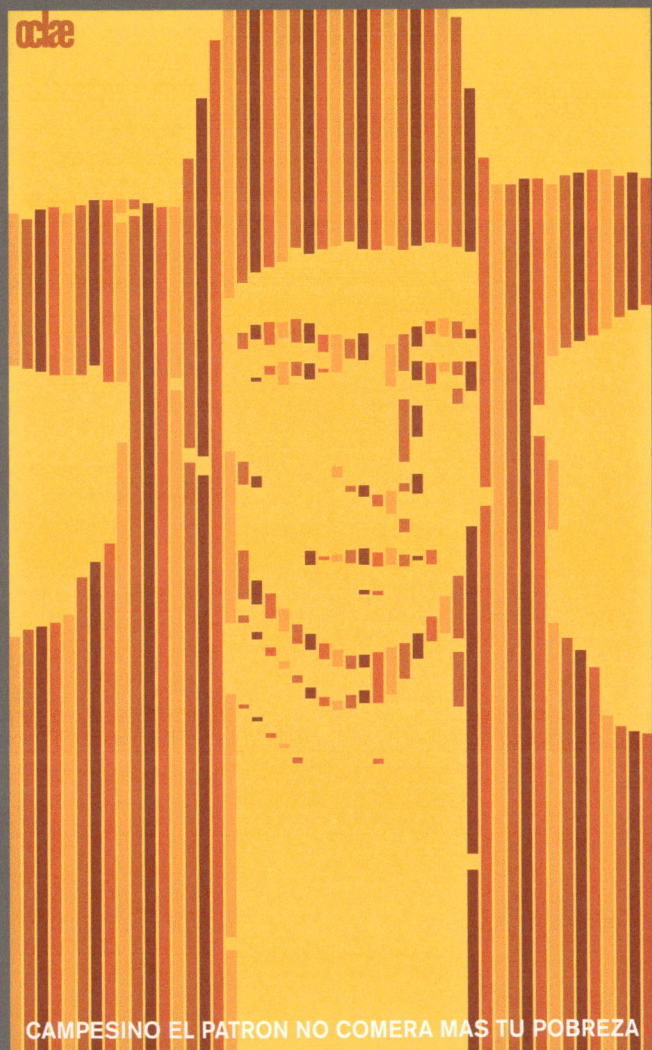

CAMPESINO EL PATRON NO COMERA MAS TU POBREZA

Cartel · Tupac Amaru · OCLAE Organización Continental Latinoamericana de Estudiantes · 1976

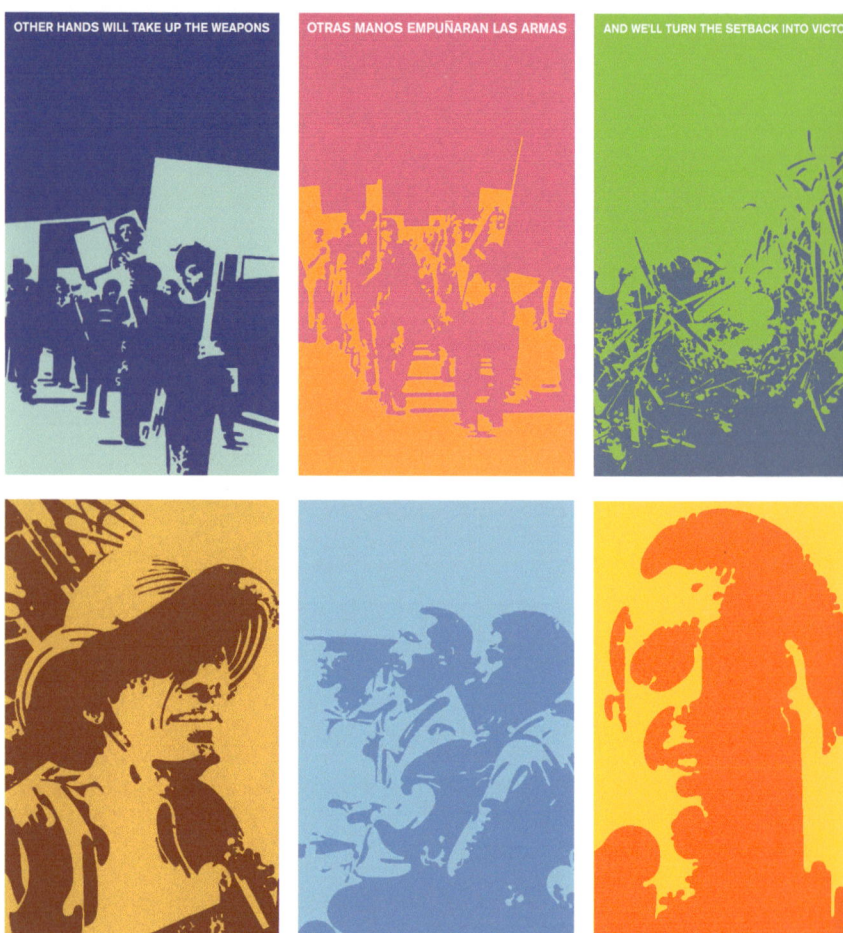

OTHER HANDS WILL TAKE UP THE WEAPONS

OTRAS MANOS EMPUÑARAN LAS ARMAS

AND WE'LL TURN THE SETBACK INTO VICTORY

AND WE'LL TURN THE SETBACK INTO VICTORY

AND WE'LL TURN THE SETBACK INTO VICTORY

Y CONVERTIREMOS EL REVES EN VICTORIA

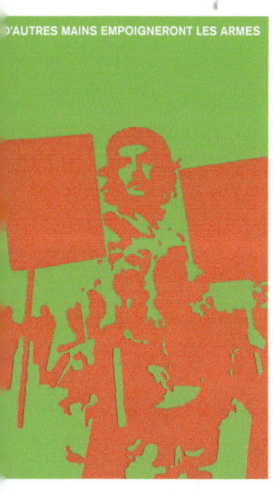

D'AUTRES MAINS EMPOIGNERONT LES ARMES

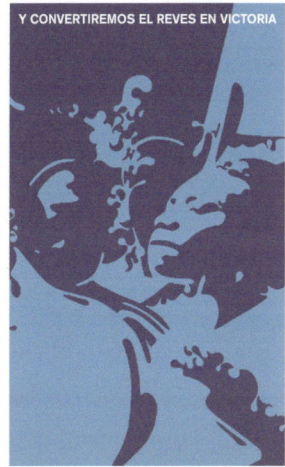

Y CONVERTIREMOS EL REVES EN VICTORIA

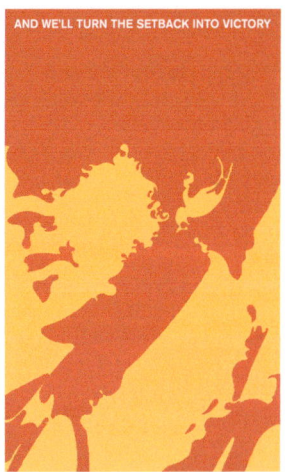

AND WE'LL TURN THE SETBACK INTO VICTORY

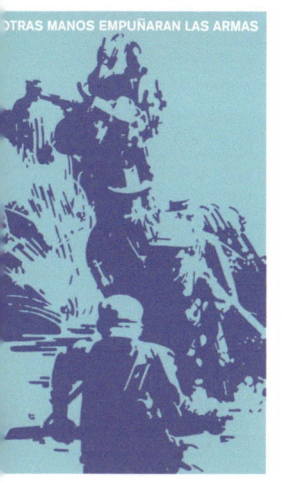

OTRAS MANOS EMPUÑARAN LAS ARMAS

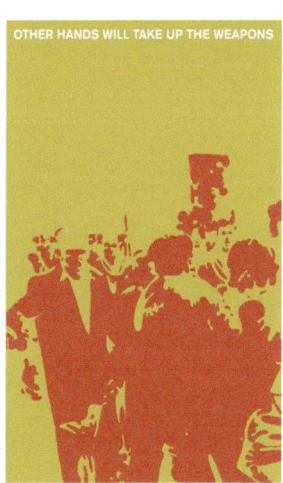

OTHER HANDS WILL TAKE UP THE WEAPONS

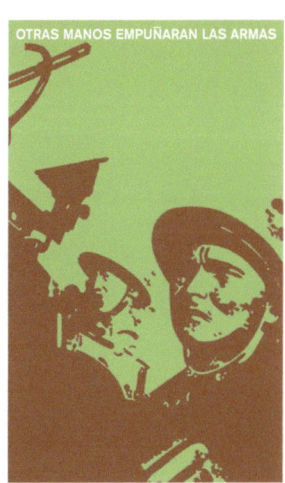

OTRAS MANOS EMPUÑARAN LAS ARMAS

ACT / ACTUAR

What is design? It can be said that design is above all an act that involves the composition of parts based on something. These parts can be created according to the function or selected according to the existing possibilities for that function. Design is inevitable in human action. We constantly structure, plan.

¿Qué es diseñar? Puede decirse que diseñar es ante todo un acto que implica composición de partes en función de algo. Esas partes pueden ser creadas según la función o seleccionadas según las posibilidades existentes para esa función. El diseño es inevitable en la acción del hombre. Constantemente estructuramos, planeamos.

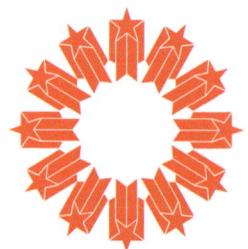

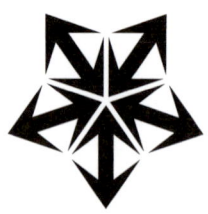

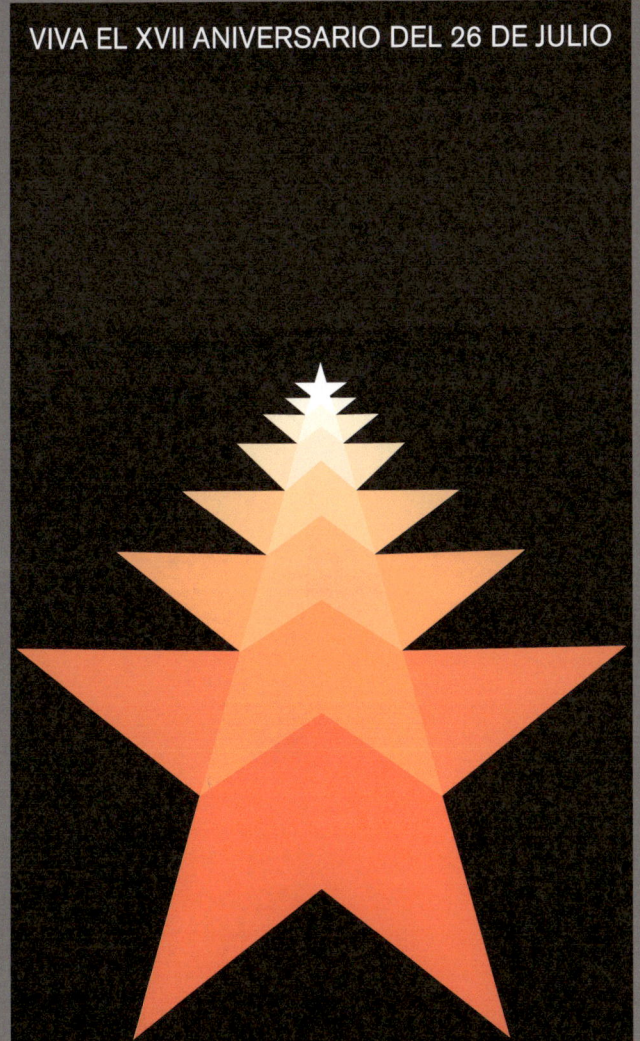

VIVA EL XVII ANIVERSARIO DEL 26 DE JULIO

Cartel XVII Aniversario del ataque al Cuartel Moncada · DOR · 1970

MISTAKES / ERRORES

**Design is a writing career.
You write with drawings, with
photos... When you design,
you write. It is a writing
profession where there
is syntax, metrics, semantics
and spelling. You can make
a visual spelling mistake.**

El diseño es una carrera
de redacción. Redactas
con dibujos, con fotos...
Al diseñar estás redactando,
es una profesión de redacción
donde hay sintaxis, métrica,
semántica y ortografía.
Puedes cometer una falta
de ortografía visual.

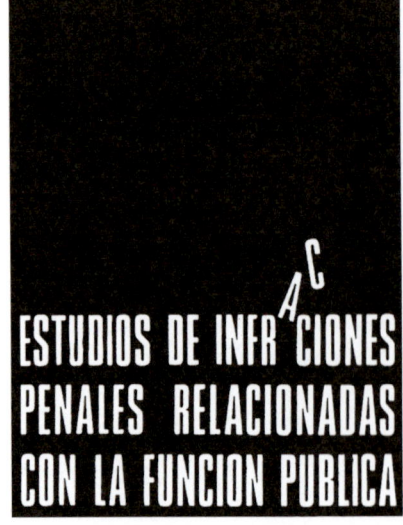

MEMORIA PRIMER CONGRESO DE LOS CONSTRUCTORES

Folleto · MICONS · Ministerio de la Construcción · ca.1970

REALITY / REALIDAD

One word says more than a thousand images, the word freedom is impossible to represent because it has unlimited possibilities, it can even refer to a quality of reality without including the rest, we can say red, one you don't know what red, another you don't know in what, if it's the flag, if it's in the blood, if it's any other symbol; that is a problem that is neglected in graphic design.

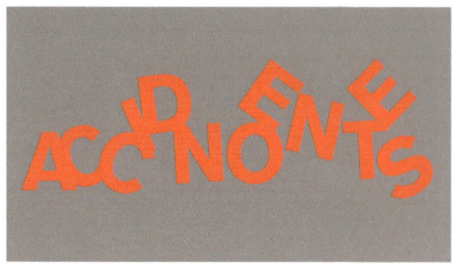

Una palabra dice más que mil imágenes, la palabra libertad es imposible que la puedas representar porque tiene posibilidades ilimitadas incluso se puede hacer referencia a una cualidad de la realidad sin incluir la restante, podemos decir rojo, una no sabes qué rojo, otra no sabes en qué, si es la bandera, si es en la sangre, si es cualquier otro símbolo; ese es un problema que se descuida en el diseño gráfico.

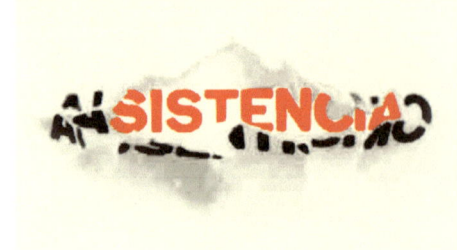

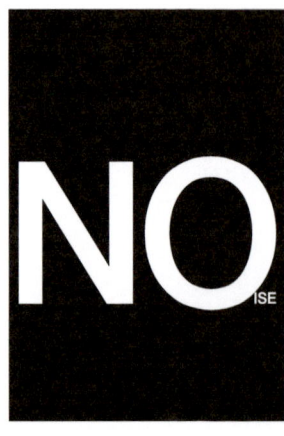

CLIK

AHORRO DE ELECTRICIDAD ES AHORRO DE PETROLEO

Cartel para el ahorro de electricidad · Instituto Cubano del Petroleo · 1968

FUNCTION / FUNCIÓN

We must use images to say what the text cannot say; and we must say with the text what we cannot say with the image. In a design, nothing should be outside of its function, and the most precise reference is nature, where nothing is outside of its function.

Hay que utilizar la imagen para decir lo que el texto no pueda informar; y hay que decir con el texto lo que con la imagen no se pueda decir. En un diseño nada debería de estar fuera de su función y la referencia más precisa es la naturaleza, donde nada está fuera de su función.

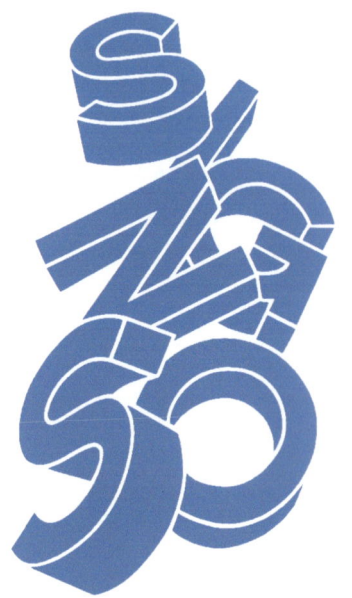

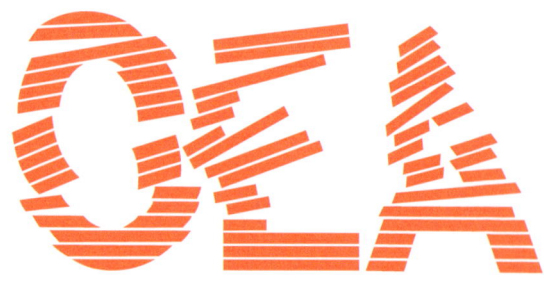

QUE EL ENEMIGO NO PENETRE

Cartel · OCLAE Organización Continental Latinoamericana y Caribeña de Estudiantes · 1973

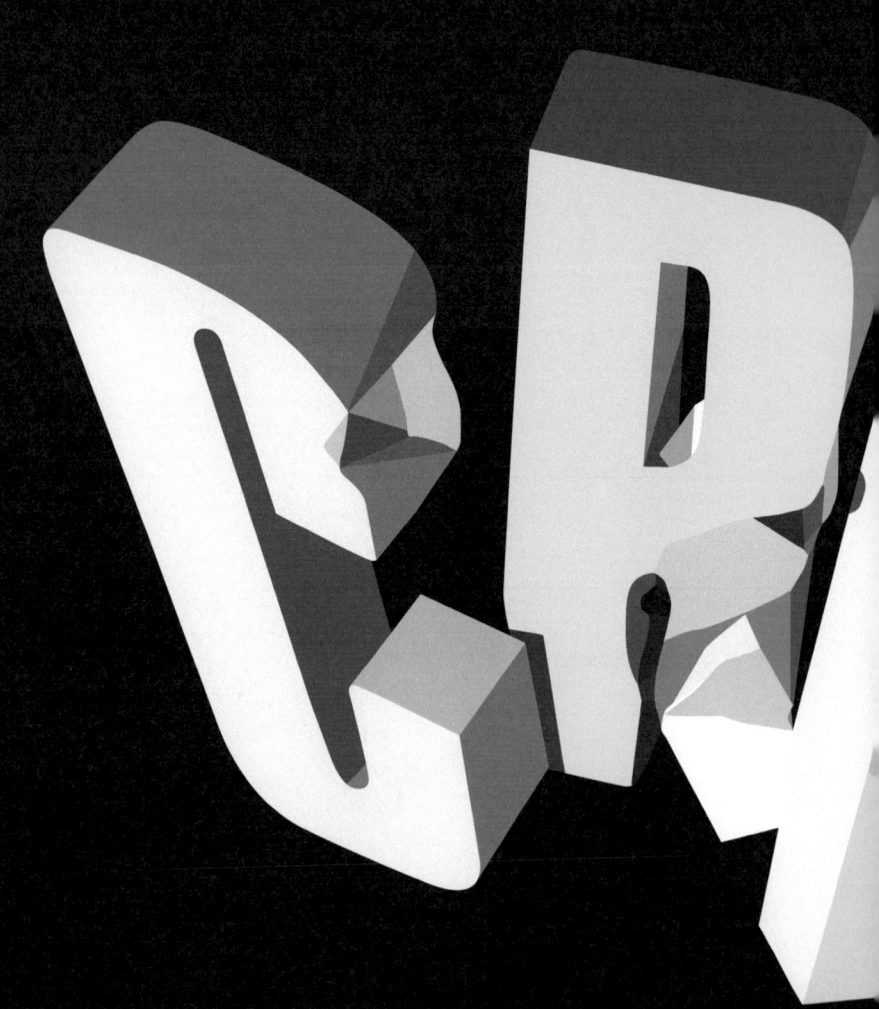

Master : Félix Beltrán

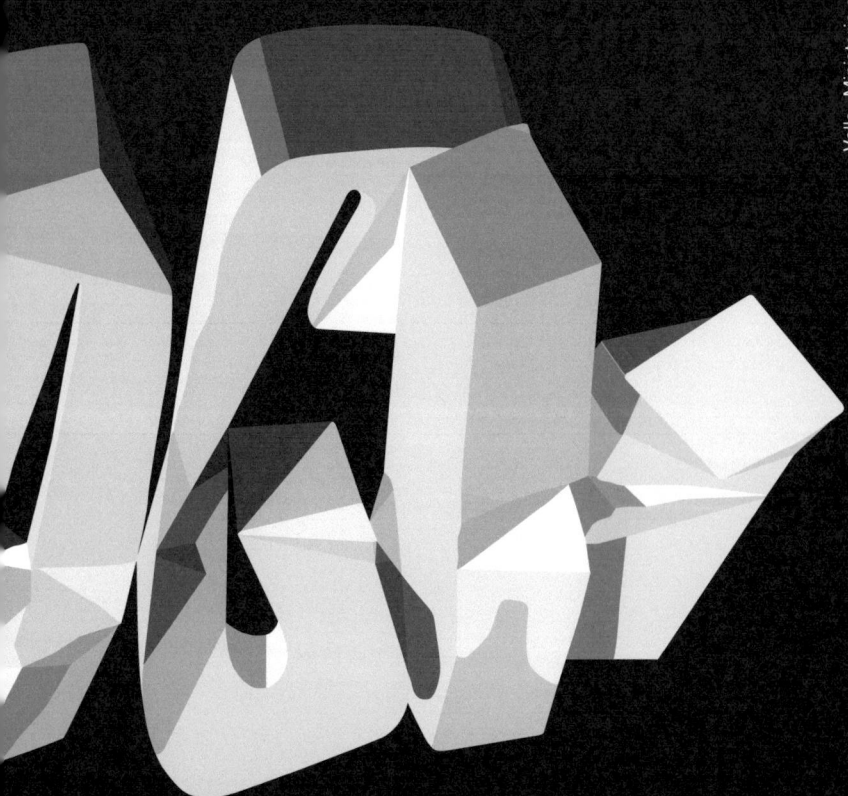

THEORY / TEORÍA

Every practice incurs errors and, therefore, conclusions about that practice. Theory is the forerunner of practice, and practice can bring efficient results if the theory is adequate. Errors occur as a consequence of insufficient theory. Theory is the accumulation of experiences of failures sufficient for one not to try to incur them. Part of the theory is not necessary.

Toda práctica incurre en errores y, por lo tanto, en conclusiones acerca de esa práctica. La teoría es el anticipo de la práctica, y esta puede aportar resultados eficientes si la teoría es adecuada. Los errores ocurren como consecuencia de una teoría insuficiente. La teoría es la acumulación de experiencias de fracasos suficientes como para que uno no trate de incurrir en ellos. Parte de la teoría no hace falta.

Maestro : Félix Beltrán

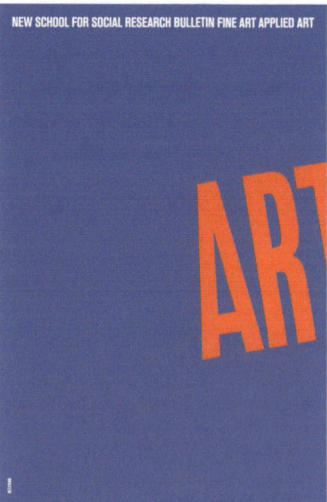

NEW SCHOOL FOR SOCIAL RESEARCH BULLETIN FINE ART APPLIED ART

ART

CICLO DE CINE SOBRE EL TRANSITO

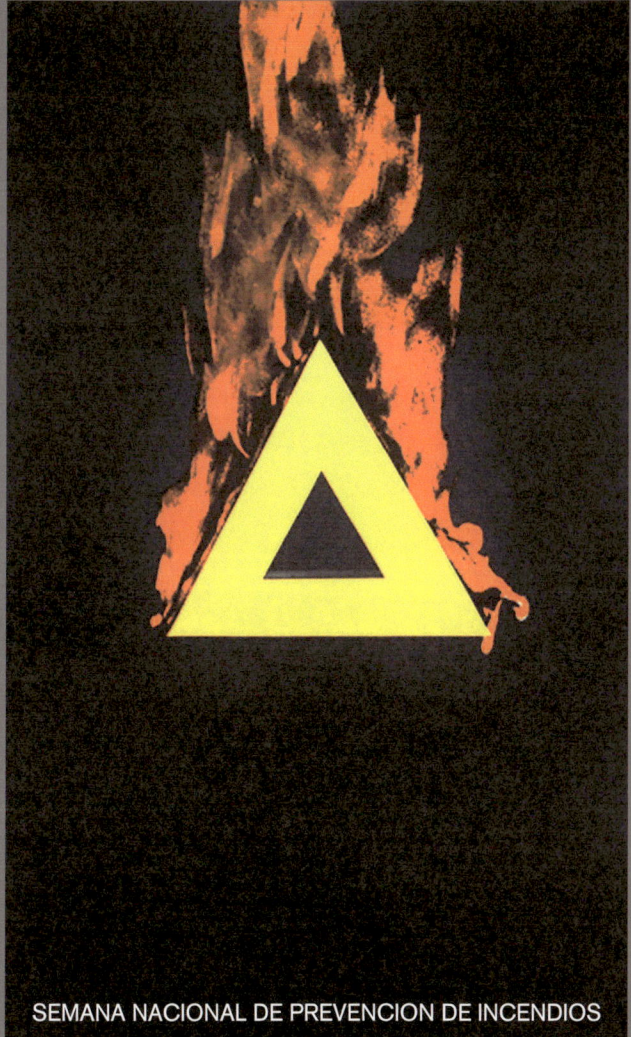

SEMANA NACIONAL DE PREVENCION DE INCENDIOS

Cartel · Ministerio del Interior · 1968

CONFUSING / CONFUSO

The chaos that Paul Rand talks about is also a communication event. People are saturated, they need to live conditioned by constants, and, instead, life is chaos. The eyes sometimes do not have the capacity to perceive, to understand, and this is because the images are very confusing. Order is important if it is derived from the content: it facilitates perception, understanding and the desired effects.

El caos del que habla Paul Rand es también un acontecer de la comunicación. La gente está saturada, necesita vivir condicionada por constantes y, en cambio, la vida es un caos. Los ojos a veces no tienen capacidad de percepción, de comprensión, y es porque las imágenes resultan muy confusas. El orden es importante si se deriva de los contenidos: facilita la percepción, la comprensión y los efectos deseados.

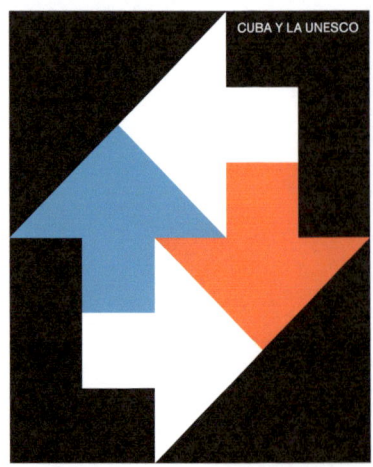

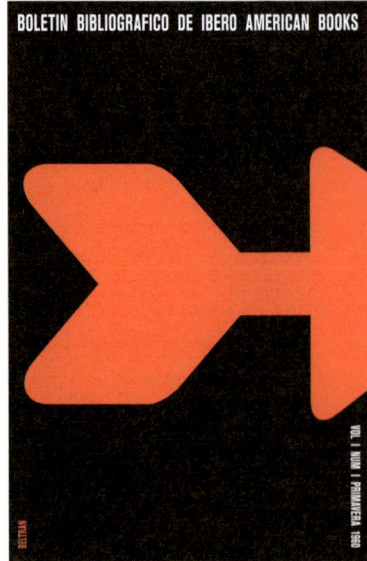

CARTELES CUBANOS CARTELES CUBANOS

TALLER DE DIVULGACION DE LA COMISION DE ORIENTACION REVOLUCIONARIA DEL CC PCC

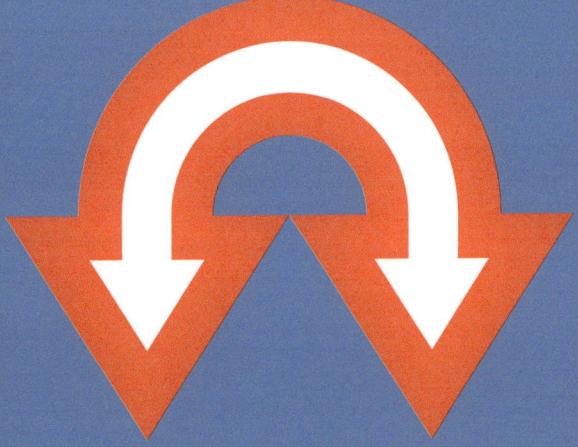

CARTELES CUBANOS CARTELES CUBANOS

LEARNING / APRENDIZAJE

I was more influenced by American design, because I studied there, I was also influenced by Italian, Swiss and Japanese design. American design was very effective, especially its advertising. The Japanese poster is a very efficient and at the same time attractive poster. That's design for me! I've travelled a lot, I've seen a lot. I always say: what doesn't go in doesn't come out. Because it's not about travelling: it's about learning, listening to remarkable people.

Tuve mayor influencia del diseño norteamericano, porque estudié allá, también del italiano, suizo y del japonés. El diseño norteamericano era muy efectivo, sobre todo su publicidad. El cartel japonés es un cartel muy eficiente y al mismo tiempo atractivo. ¡Eso es diseño para mí! He viajado mucho, he visto mucho. Siempre digo: no sale lo que no entra. Porque no se trata de viajar: el asunto es aprender, escuchar gente notable.

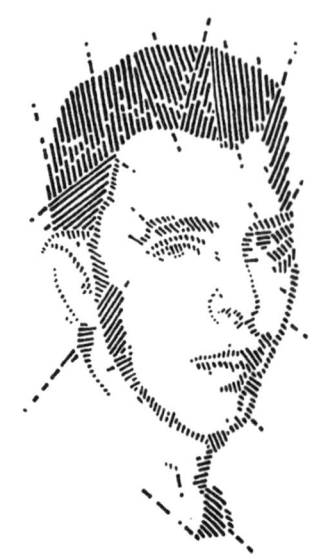

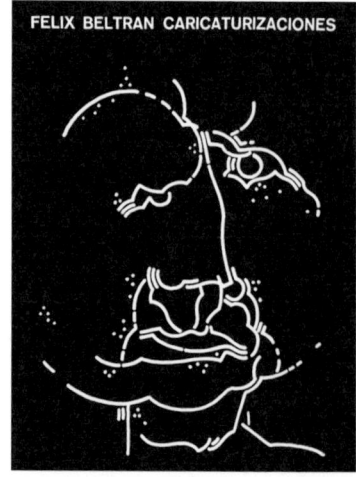

FELIX BELTRAN CARICATURIZACIONES

Portada · Picasso (ilustración) – Gaetano Massa (copy) · Cypress Books · 1960

COMPLICITY / COMPLICIDAD

José Martí said that watching a crime being committed in silence is becoming an accomplice. I would never accept a job that did not pass my ethics test. I would never work on something that I considered fraudulent, something that affects health, something that is incompatible with my ethical principles. Designers should learn to say no and take more care of social problems.

José Martí dijo que ver cometer un crimen en silencio es hacerse cómplice. Nunca aceptaría un trabajo que no pasara el filtro de mi ética. No trabajaría nunca en algo que yo considerara fraudulento, en algo que afecta la salud, en algo que sea incompatible con mis principios éticos. Los diseñadores deberían aprender a decir no y ocuparse más de los problemas sociales.

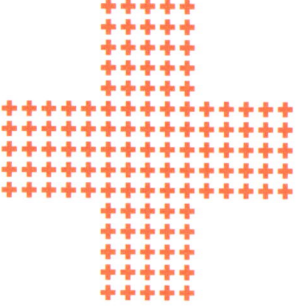

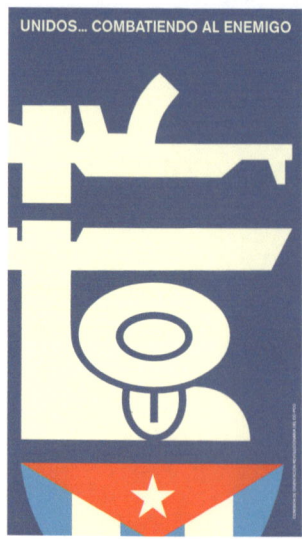

UNIDOS... COMBATIENDO AL ENEMIGO

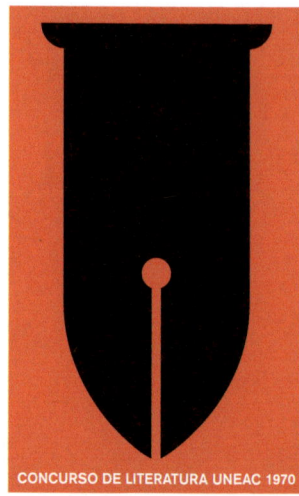

CONCURSO DE LITERATURA UNEAC 1970

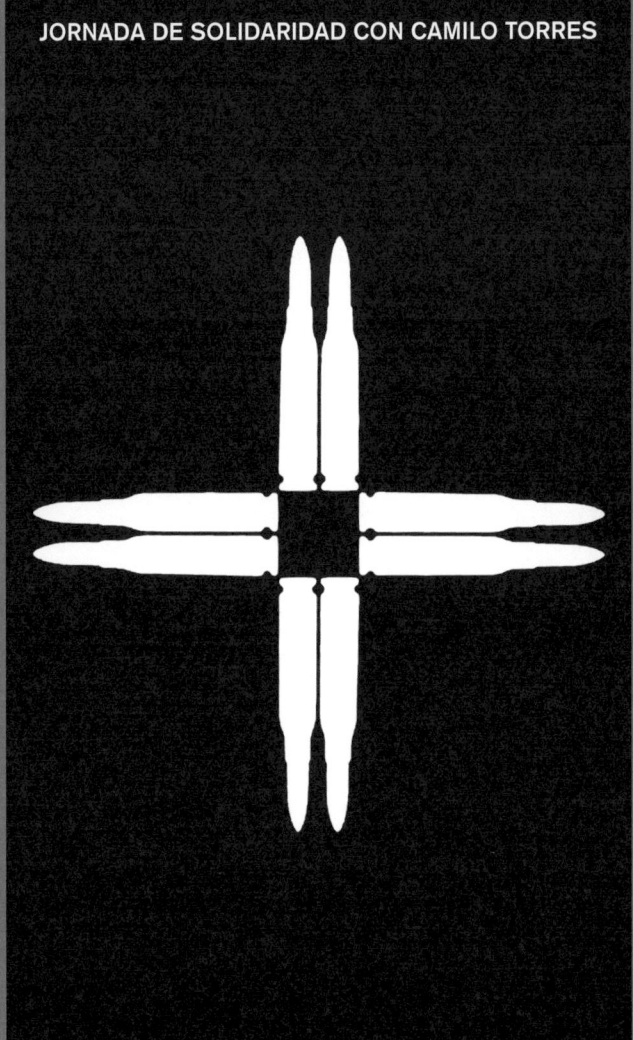

JORNADA DE SOLIDARIDAD CON CAMILO TORRES

Cartel · Camilo Torres Restrepo fue un sacerdote colombiano que tomó partido por los pobres · s.f.

MEANING / SIGNIFICADO

In an increasingly cumulative world, man finds himself faced with a closed situation; he cannot escape the constant fire of signals that surrounds him. If the designer does not act accordingly, he will precisely reverse the meaning of these means. His most proper and transcendental function is to organize, to order in function of "something." A task that makes sense in socialism, when the aim is to achieve the maximum development of man's potential and not to direct these potentialities against himself.

En un mundo cada vez más acumulativo el hombre se encuentra frente a una situación cerrada, no puede escapar al fuego constante de señales que lo rodea. Si el diseñador no actúa en consecuencia, invertirá precisamente el sentido de esos medios. Su función más propia y trascendental es la de organizar, ordenar en función de «algo». Tarea que cobra sentido en el socialismo, cuando se tiende al máximo desarrollo de las potencialidades del hombre y no a dirigir esas potencialidades contra sí mismo.

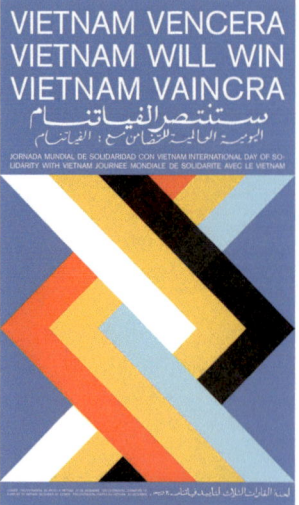

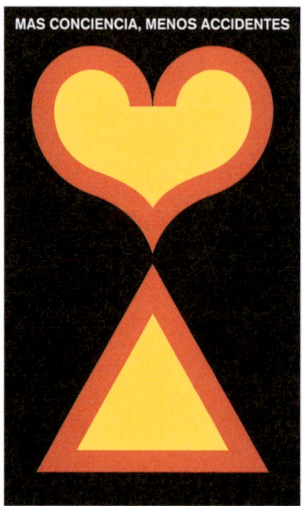

SOLIDARIDAD CON CUBA, SOLIDARIDAD

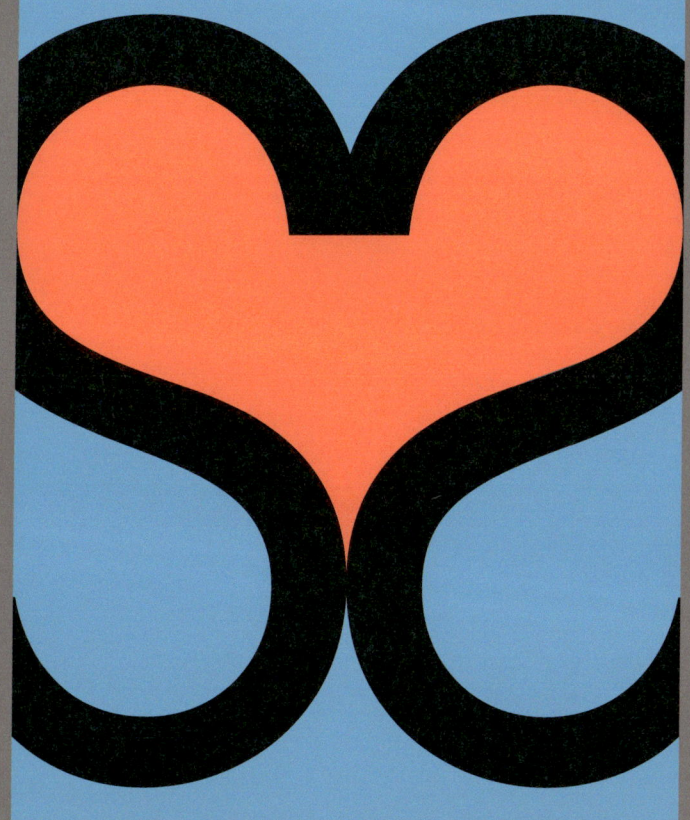

Centro Nacional de Información de Ciencias Médicas · 1974

DISCOVER / DESCUBRIR

Words are interesting, they are structures. You can put an "R" on top of an "R" and combine them or make a stack, form a pyramid with the "A"s... They acquire another function, they are not letters to be read. At no time should the use of a type of letter distort the essential intention. Designing is, above all, learning to see.

Las palabras son interesantes, son estructuras. Puedes poner una «R» encima de una «R» y las combinas o haces una pila, formas una pirámide con las «A»... Adquieren otra función, no son letras para ser leídas. En ningún momento el uso de algún tipo de letra debe desvirtuar la intención esencial. Diseñar es, sobre todo, aprender a ver.

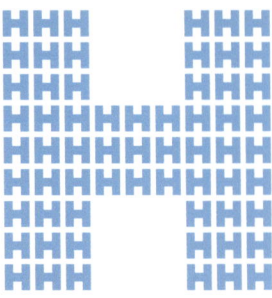

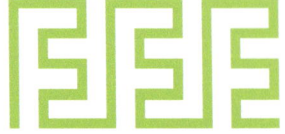

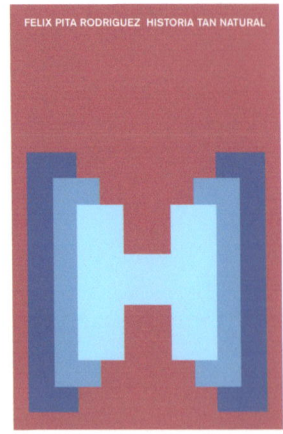

FELIX PITA RODRIGUEZ HISTORIA TAN NATURAL

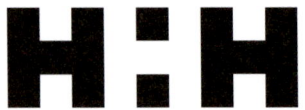

Maestro : Félix Beltrán

Cover · Las Américas Publishing · 1959

CONSTANCY / CONSTANCIA

Intuition is derived from the wealth that one may have in regard to whatever it is, and talent is the motivation, the perseverance, and everything that leads one to stand out from others, whatever their practice. Talent corresponds to transcending the most frequent results, and in graphic design this is no different from other practices. A pianist may have short fingers and his hours of practice would help him transcend the deficiency of his hands. In that sense, talent is a consequence of constant practice and perfectionist aspirations.

La intuición se deriva del caudal que uno pueda tener en cuanto a lo que fuese y el talento es la motivación, la constancia, y todo lo que conduce a que uno se pueda destacar sobre otros fuese cual fuese su práctica. El talento corresponde a trascender los resultados más frecuentes y en el diseño gráfico esto no se diferencia de otras prácticas, un pianista puede tener los dedos cortos y su práctica de horas propiciaría el trascender la deficiencia de sus manos. En ese sentido, el talento es una consecuencia de una práctica constante y de aspiraciones perfeccionistas.

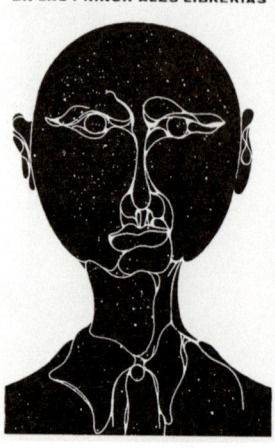

LEA LA VIDA DE LINCOLN WEST
CUENTO DE GWENDOLYN BROOKS
EN CUENTOS NORTEAMERICANOS
PUBLICADOS POR LA EDITORIAL
NACIONAL DE CUBA A LA VENTA
EN LAS PRINCIPALES LIBRERIAS

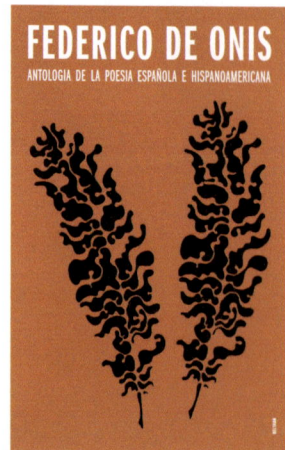

FEDERICO DE ONIS
ANTOLOGIA DE LA POESIA ESPAÑOLA E HISPANOAMERICANA

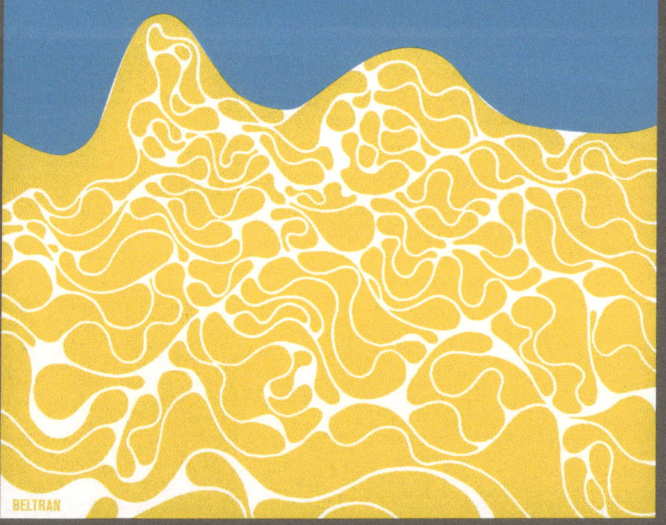

Portada · Las Américas Publishing Company — New York · 1958

PRACTICE / PRACTICAR

Design that only aspires to be pleasing, becomes alienated. When it is assimilated as painting, it loses its function. The same happens with the design of objects when it is assimilated as sculpture. In both cases, its function is only evident in the practice itself. According to Karl Marx, "a dress truly becomes a dress when it is worn." This is equivalent to a broad social aspiration. I believe, like Victor Margolin, that it is necessary to take graphic design more seriously and treat it critically as one would do with art or architecture because graphic design is an important social phenomenon.

El diseño que solo aspira a ser agradable, se aliena. Cuando se asimila como pintura pierde su función. Lo mismo sucede con el diseño de objetos cuando se asimila como escultura. En ambos casos su función solo se evidencia en la propia práctica. Según Carlos Marx, «un vestido se convierte verdaderamente en vestido cuando se lleva puesto». Esto equivale a una amplia aspiración social. Pienso, al igual que Victor Margolin, que es necesario tomarse el diseño gráfico más en serio y tratarlo críticamente como se haría con el arte o la arquitectura porque el diseño gráfico es un fenómeno social importante.

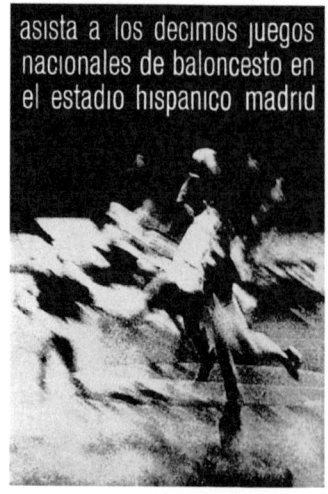

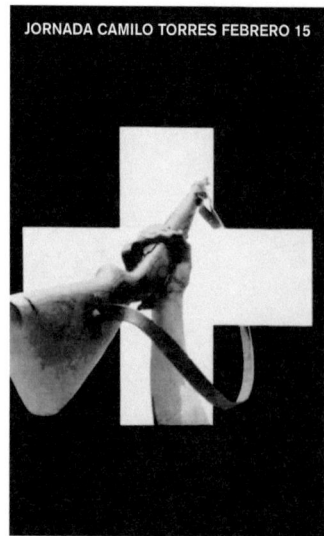

DESAPARICION DE BEN BARKA (29 DE AGOSTO)/DISAPPEARANCE OF BEN BARKA (AUGUST 29)/DISPARITION DE BEN BARKA (29 AOUT)

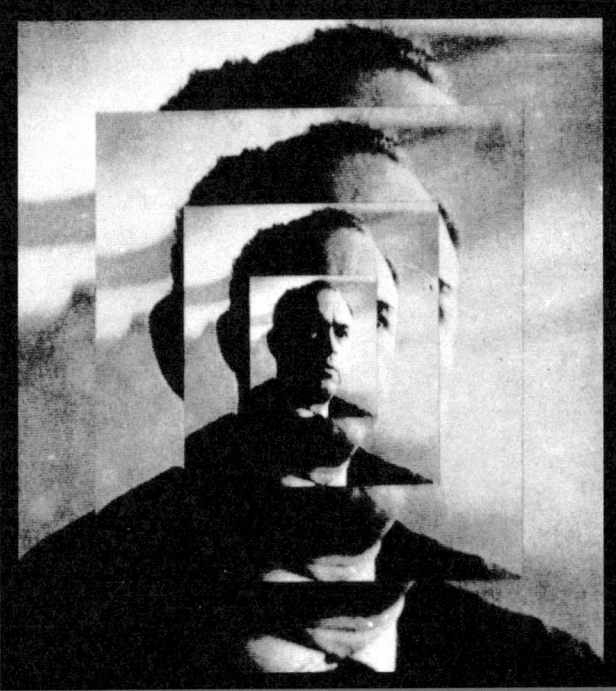

Cartel · Comisión de Orientación Revolucionaria · 1971

VALUES / VALORES

The poster materializes social aspirations in images. This is one of the permanent values of our poster, which, regardless of the achievements in expressive solutions, is still effective, because it recognizes valuable moments of our history and the fulfillment of its social function.

El cartel materializa en imágenes las aspiraciones sociales. Este es uno de los valores permanentes de nuestro cartel, por el cual, independientemente de los logros en las soluciones expresivas, resulta aún eficaz, porque en él se reconocen momentos valiosos de nuestra historia y el cumplimiento de su función social.

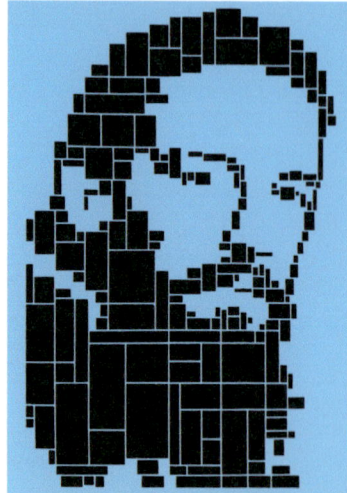

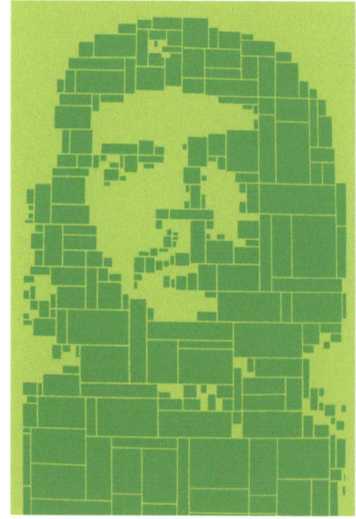

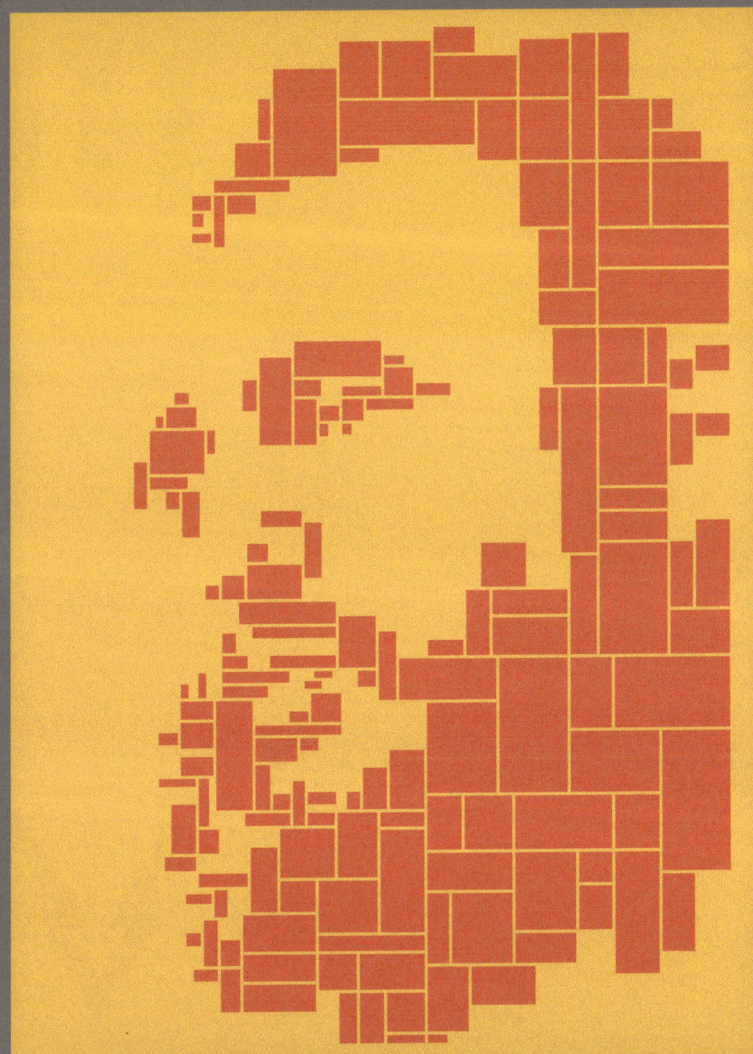

Calendario Programa Amigos de Cuba · Radio Habana · Fidel Castro · ICAP · 1981

EXCESS / EXCESO

When you take away too much from a brand, it becomes incomprehensible. Trying to be creative sometimes leads to excess. Furthermore, simplicity is confused with a symbol, which is a mistake. A symbol can be interpreted through simplicity, or the opposite, with unnecessary details. A symbol is a communication through substitution, where simplicity is not indispensable.

Cuando a una marca se le quita demasiado, ya no se entiende. Tratando de ser creativo, en ocasiones, se incurre en los excesos. Además, se confunde la simplicidad con un símbolo, lo cual es un error. Un símbolo puede interpretarse a través de la simplicidad, o lo contrario, con detalles innecesarios. Un símbolo es una comunicación mediante una sustitución, donde la simplicidad no resulta indispensable.

(1) Ministerio de Salud Pública · 1966 (2) Taxis Nacionales de Cuba · 1970 (3) Frutas Selectas · s.f. (4) Símbolo · s.f. (5) Marca personal · 1960 (6) Barnicuba · 1962 (7) Norton Transportes · 1982 (8) Ministerio de Trabajo · 1969 (9) Victoria Electricidad · 1967 (10) Exposicuba, Pabellón Cubano en Montreal '67 · 1966 (11) Instituto Nacional de Turismo · 1971 (12) DECIEP Sección de Noticias · 1972

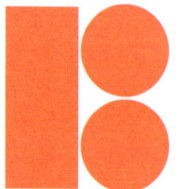

1

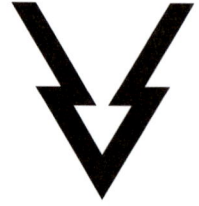

5

9

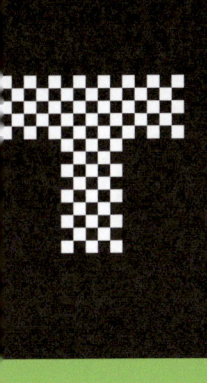

3

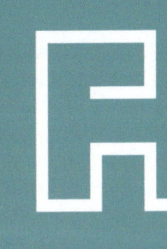

4

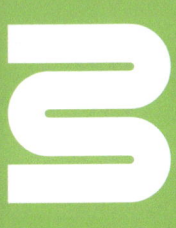

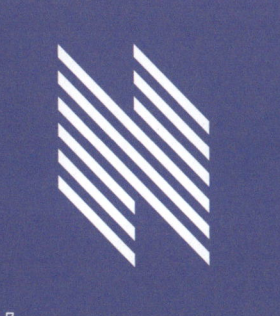

7

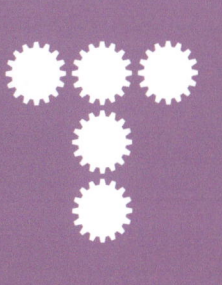

8

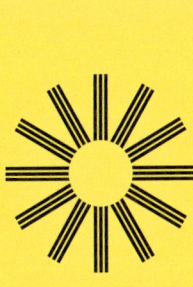

11

12

GIVING / DAR

We are used to interpreting a successful person in his life with which he shows full purchasing power: own design office, I work in the dining room; own car, I don't have a car; own house, I don't have a house... The capitalist world constantly shapes our values to value money more than the person. Capitalist success is based on how much you have and how much you earn, not on what you give and how much you give. True success in life as a human being is based on being, not on having, on giving, not on receiving, on becoming rich inside, not on outside.

Estamos acostumbrados a interpretar a una persona exitosa en su vida con la que evidencia un poder adquisitivo pleno: despacho de diseño propio, yo trabajo en el comedor; auto propio, yo no tengo coche; casa propia, yo no tengo casa... El mundo capitalista nos moldea los valores constantemente para apreciar más el dinero que a la persona. El éxito capitalista se funda en cuánto tienes y cuántas ganas, no en qué das y cuánto das. El verdadero éxito en la vida como ser humano, está fincado en el ser, no en el tener, en dar no en recibir, a enriquecerse en su interior, no en su exterior.

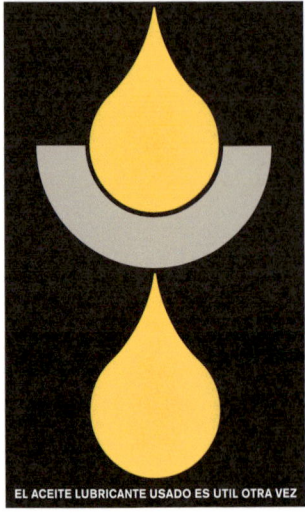

EL ACEITE LUBRICANTE USADO ES UTIL OTRA VEZ

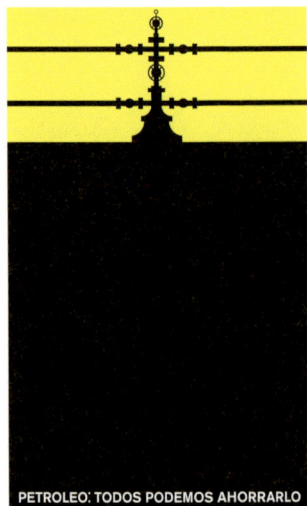

PETROLEO: TODOS PODEMOS AHORRARLO

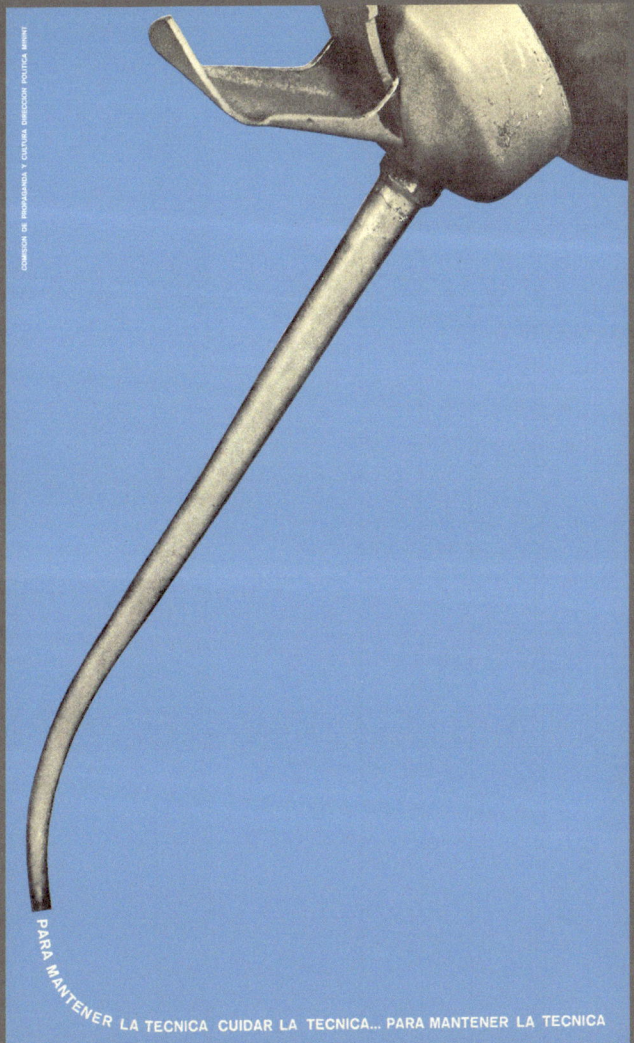

PARA MANTENER LA TECNICA CUIDAR LA TECNICA... PARA MANTENER LA TECNICA

Cartel · Comisión de Propaganda y Cultura · Dirección Política MININT · 1972

DOUBT / DUDA

Sometimes students ask me: What is your method? And I tell them: nonconformity. I am very dissatisfied with my work. The problem is that we live obsessed with what is new, what is easy and above all what is fast, and it is the public of design; it is conditioned to attract attention above all. This is a world of uncertainties, you shoot but you don't have the target in front of you, so it is very difficult to prove that it has been effective.

A veces los alumnos me preguntan: ¿Y cuál es su método? Y yo les digo: la inconformidad. Soy muy inconforme con mi trabajo. El problema es que vivimos obsesionados por lo nuevo, lo fácil y sobre todo lo rápido, y es el público del diseño; está condicionado a que se llame la atención ante todo. Este es un mundo de incertidumbres, disparas pero no tienes el blanco delante, por lo que se hace muy difícil demostrar que ha sido efectivo.

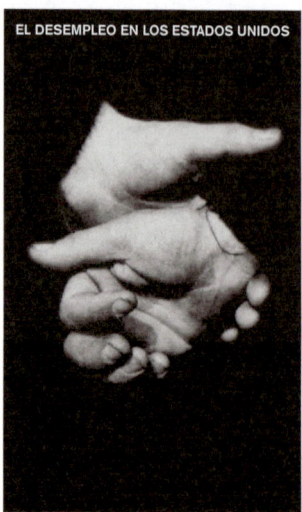

EL DESEMPLEO EN LOS ESTADOS UNIDOS

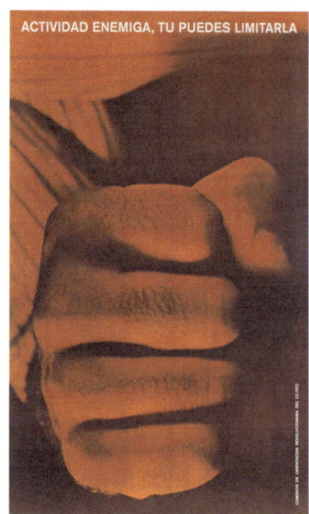

ACTIVIDAD ENEMIGA, TU PUEDES LIMITARLA

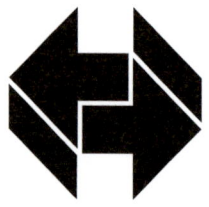

68   Maestro : Félix Beltrán

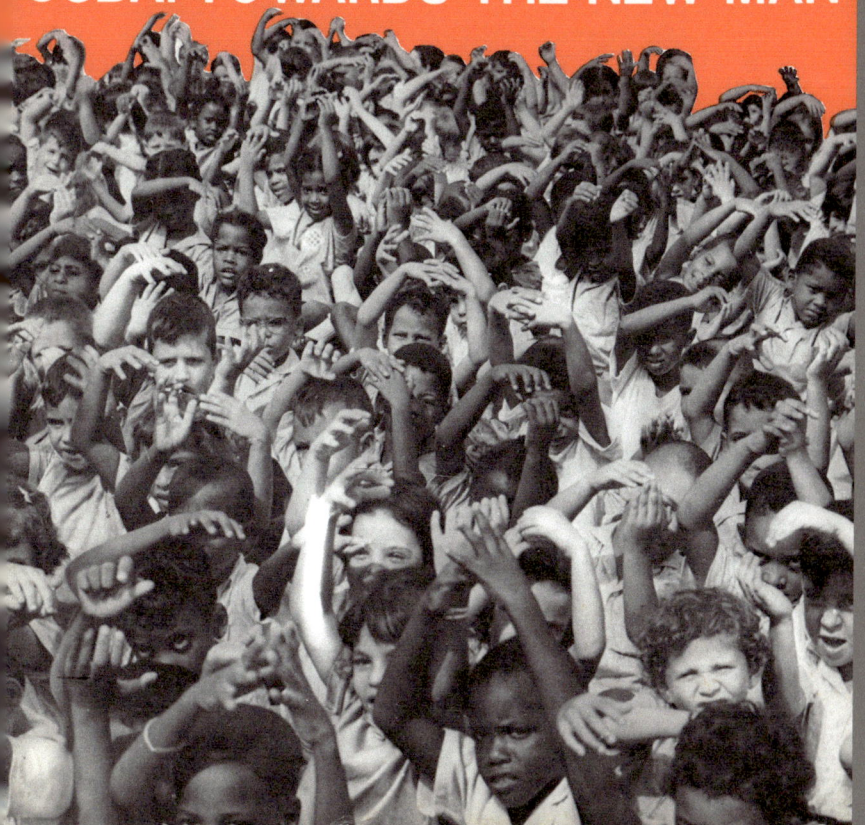

CUBA: TOWARDS THE NEW MAN

olleto · Cuba: hacia un hombre nuevo · 1966

AWARENESS / CONCIENCIA

Once there is an awareness of design, it cannot be dispensed with. Graphic design is a science of communication, perception, emotion, among many other facets of science. Furthermore, it is an art in that, through creation conditioned by needs, it fosters communication with certain levels of influence on the public.

Una vez hay una conciencia del diseño, ya no se puede prescindir de ella. El diseño gráfico es una ciencia de la comunicación, de la percepción, de la emoción, entre tantas otras facetas de las ciencias. Además, es un arte en cuanto que, a través de la creación condicionada por las necesidades, propicia la comunicación con ciertos niveles de influencia en el público.

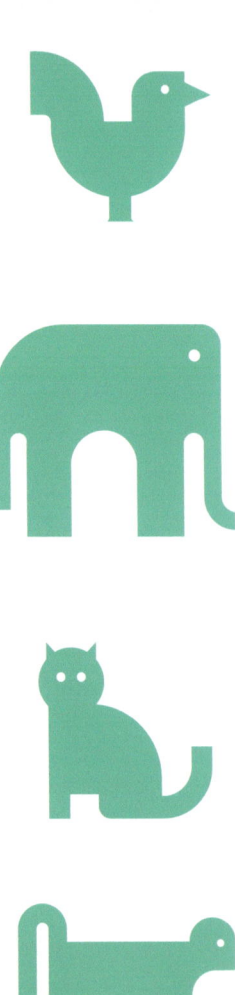

LA MUJER ES EL TALLER NATURAL DONDE SE FORJA LA VIDA

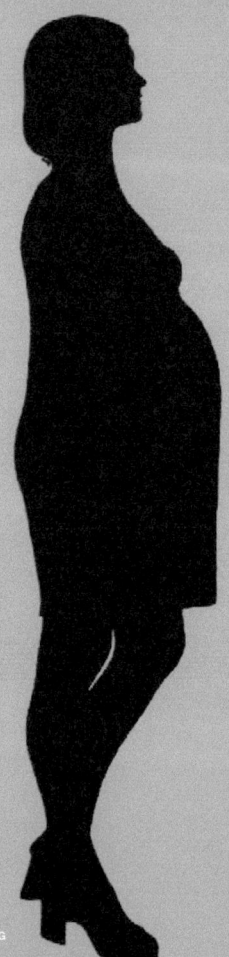

XX CONGRESO
LATINOAMERICANO
DE OBSTETRICIA
Y GINECOLOGIA PLASOG
LA HABANA, CUBA
22-24 ENERO DE 1976

Cartel · Congreso Latinoamericano de Obstetricia y Ginecología · 1976

WISDOM / SABIDURÍA

When the public's cultural level is low, the appropriate thing is to simplify the symbols or to use known symbols from past perceptions. The synthesis depends on the content on the one hand and on the public on the other. We must apply the popular saying that "a word is enough to the wise".

Cuando el nivel cultural del público es bajo, lo indicado es la simplificación de los símbolos o la utilización de los símbolos conocidos procedentes de percepciones pasadas. La síntesis por una parte depende de los contenidos y por otra del público. Hay que aplicar la frase popular que dice que «a buen entendedor, pocas palabras bastan».

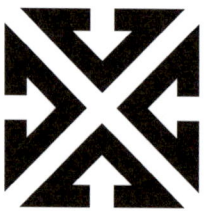

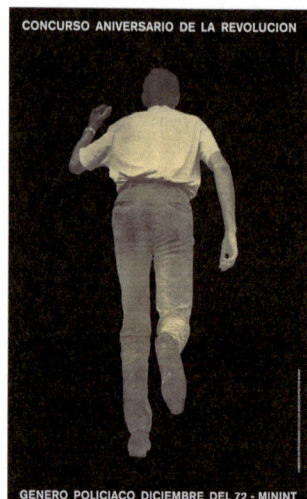

CONCURSO ANIVERSARIO DE LA REVOLUCION

GENERO POLICIACO DICIEMBRE DEL 72 · MININT

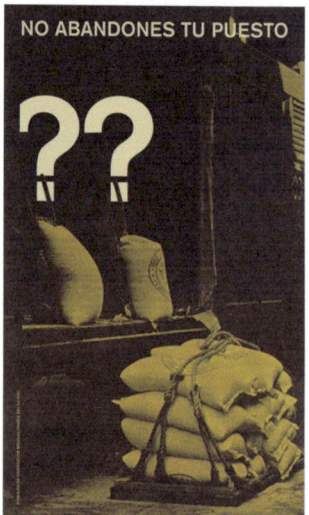

NO ABANDONES TU PUESTO

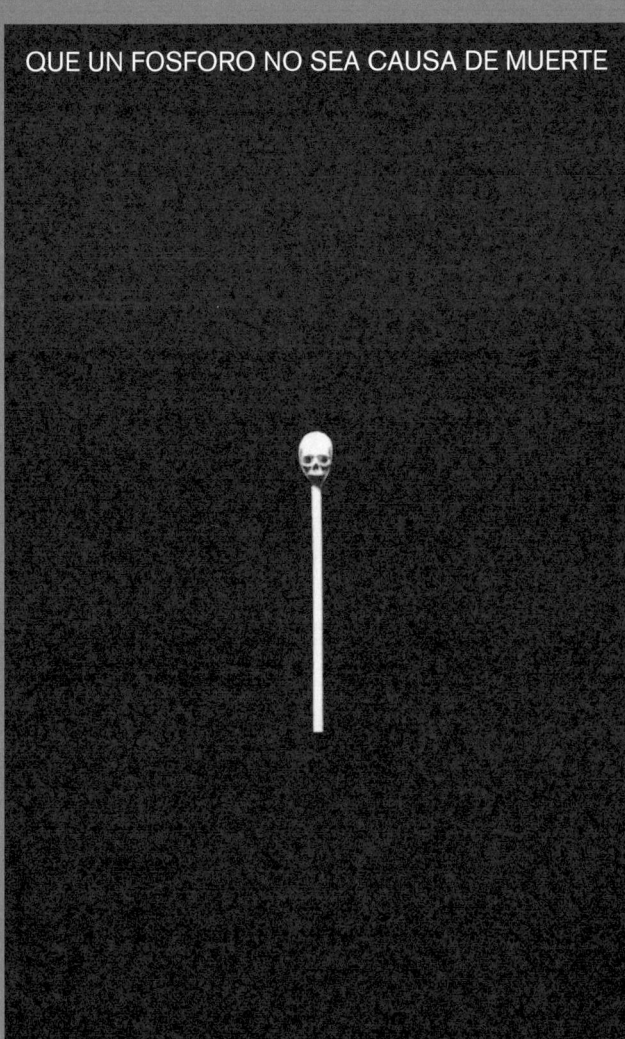

QUE UN FOSFORO NO SEA CAUSA DE MUERTE

Cartel · Ministerio del Interior · s.f.

FAILURE / FRACASO

My strong point is to be aware of my weak point. As for the weak point, it is difficult, because I wonder which one, which indicates that the plural would be more appropriate. José Martí believed that the homeland is humanity, and it is true. There is always a void. The very circumstances of the Revolution, those very accentuated contradictions, have made me feel an enormous void, a feeling of frustration. Because it is also my failure.

Mi punto fuerte consiste en estar consciente de mi punto débil. En cuanto al punto débil, resulta difícil, pues me pregunto cuál de ellos, lo que indica que el plural sería más adecuado. José Martí creía que la patria es la humanidad, y no deja de ser cierto. Siempre hay un vacío. Las propias circunstancias de la Revolución, esas contradicciones tan acentuadas, me han hecho sentir un enorme vacío, un sentimiento de total frustración. Porque es un fracaso mío también.

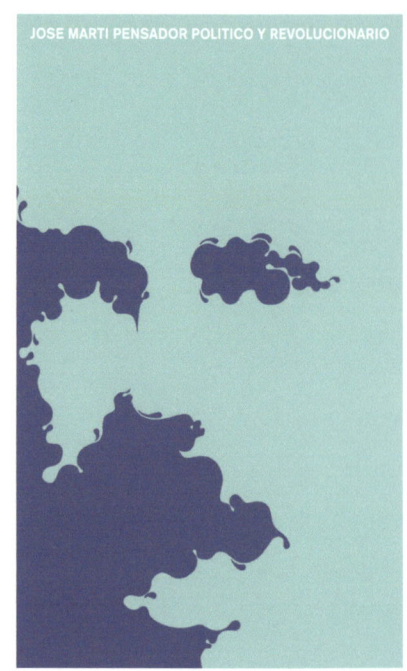

JOSE MARTI PENSADOR POLITICO Y REVOLUCIONARIO

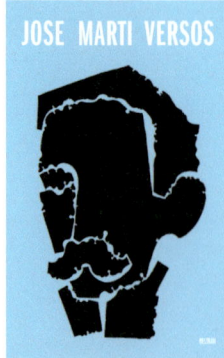

JOSE MARTI VERSOS

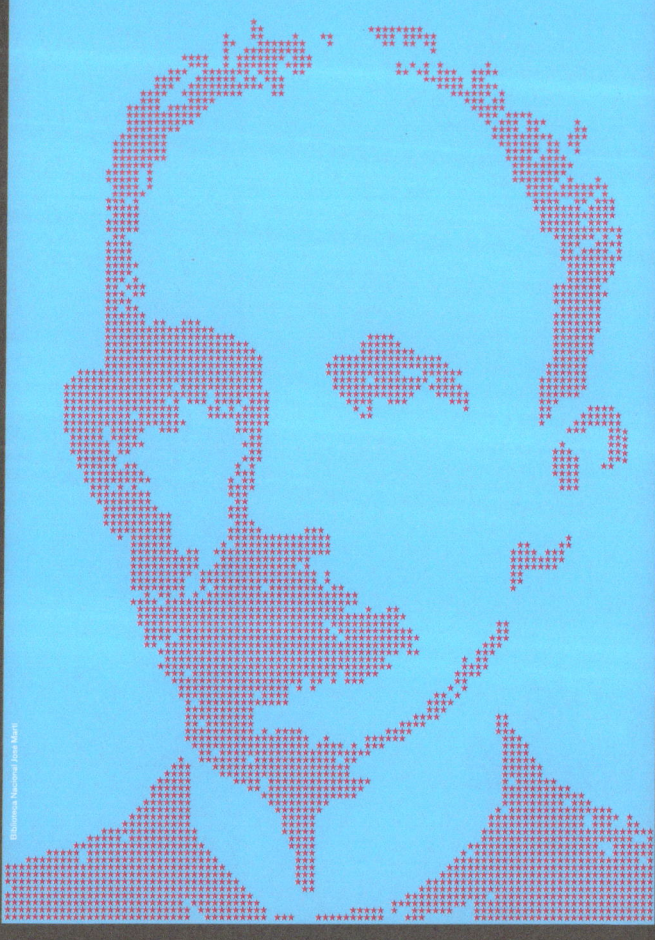

JOSE MARTI UNA CONCIENCIA CABAL

Biblioteca Nacional José Martí

RANDOM

Design must reflect on the simplicity of content, against the simplicity of forms, because simplicity depends on the receiver, not the transmitter. A form is that which appears to the observer as never being the result of chance but rather the result of a redundancy in the reception of a message.

El diseño debe reflexionar sobre la simplicidad de los contenidos contra la simplicidad de las formas, pues la simplicidad depende del receptor no del emisor. Una forma es aquello que aparece al observador como no siendo nunca resultado del azar sino el resultado de una redundancia en la recepción de un mensaje.

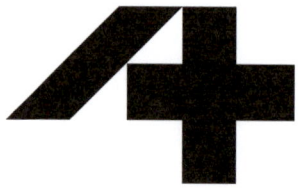

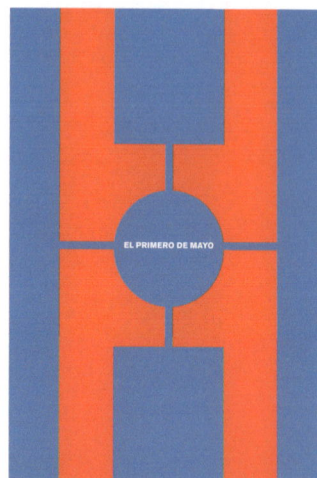

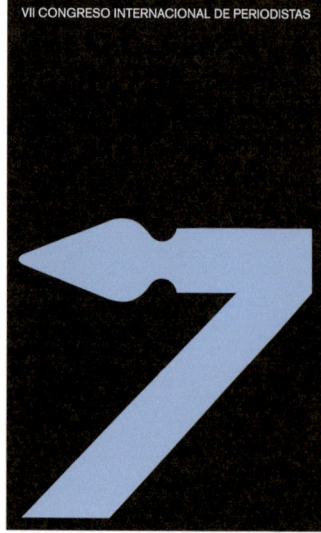

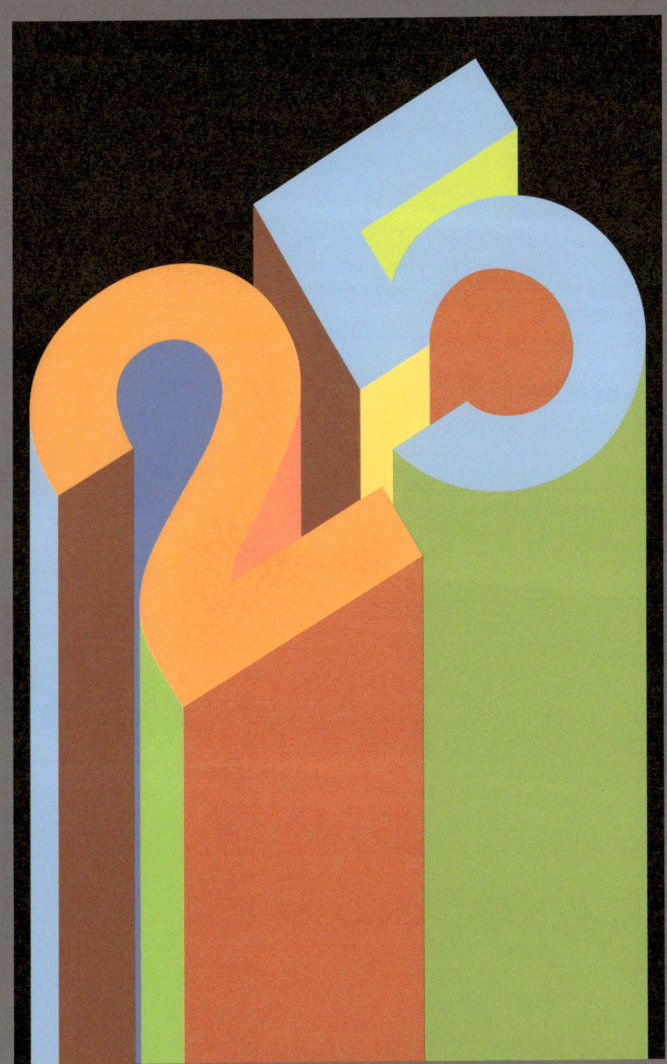

Cartel · 25 Aniversario · Fundación del Movimiento Mundial de la Paz y del
Movimiento Cubano por la Paz y la Soberanía de los Pueblos · 1972

WITNESS / TESTIGO

I couldn't have made posters in favour of the invasion of Iraq. My students and I dealt with this subject, but obviously in reverse. They were sensational. Some even said they were sensationalist, I told the envious people that that was the reality. And it's true, the events are there. One photo is heartbreaking because you see a person jumping in the air in pieces. It's not sensationalism, it's reality. Sensationalism occurs when you alter what is, while the opposite, the real has to be as testimonial as possible. And in this we must not polarise.

Yo no podría haber hecho carteles a favor de la invasión de Irak. Con mis alumnos tratamos ese tema, pero obviamente, a la inversa. Fueron sensacionales. Algunos hasta dijeron que eran amarillistas, yo les contesté a los envidiosos que esa era la realidad. Y es cierto, los sucesos ahí están. Una foto es desgarradora porque se ve a una persona saltando en el aire en pedazos. No es amarillismo, es realidad. El amarillismo se da cuando tú alteras lo que es, mientras que lo contrario, lo real tiene que ser lo más testimonial posible. Y en esto no debemos polarizar.

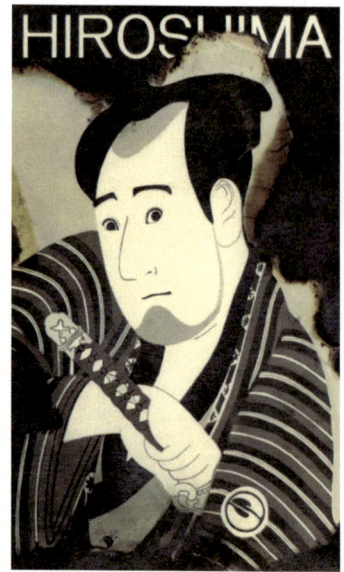

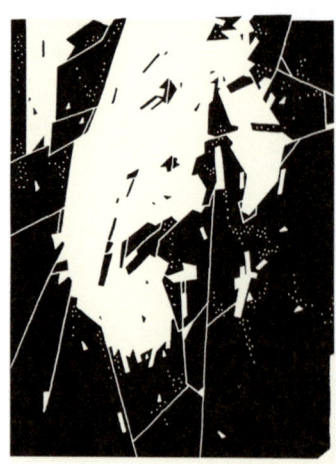

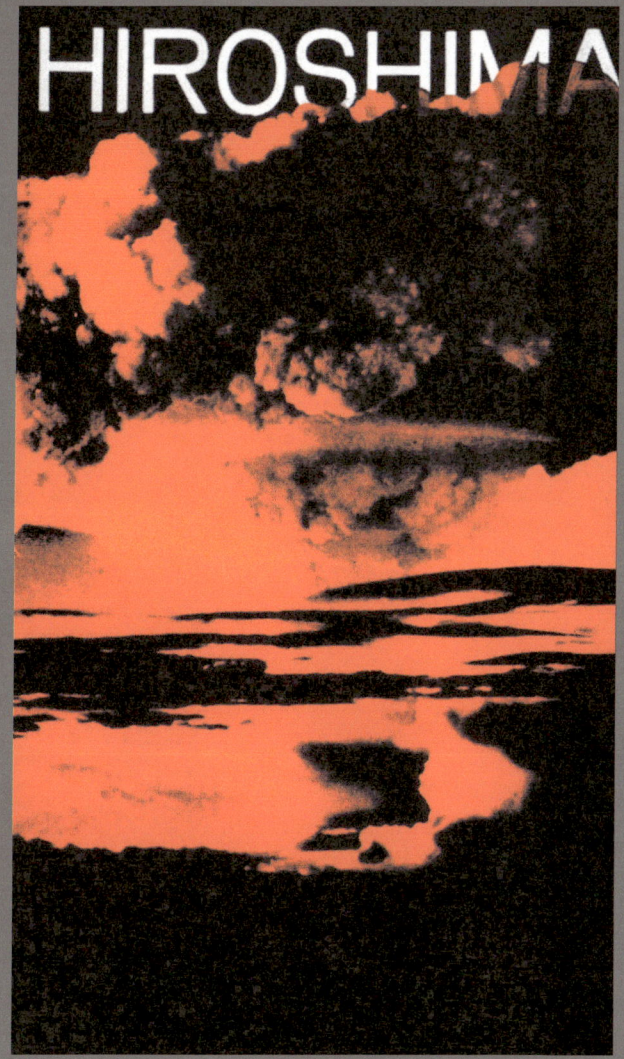

HIROSHIMA

Cartel · Departamento de Orientación Revolucionaria · 1970

ENGAGEMENT / COMPROMISO

There is no such thing as apolitical in graphic design; its contents are related to politics, and so is the person who interprets them. All design must respond to social needs and has become watered down, and has transcended more for its appearance than for its content. For me, design is everything... everything is design.

No existe lo apolítico en el diseño gráfico, los contenidos de este están relacionados con lo político y el que los interpreta, lo mismo. Todo diseño debe responder a las necesidades sociales y se ha edulcorado, además de que ha trascendido más por su aspecto que por su contenido. Para mí el diseño lo es todo... todo es diseño.

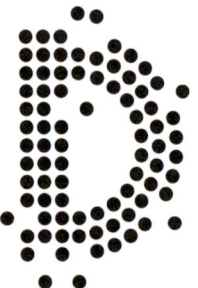

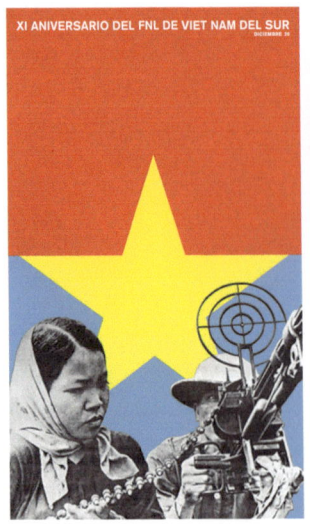

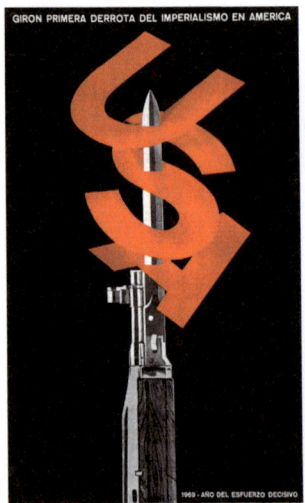

80   Maestro : Félix Beltrán

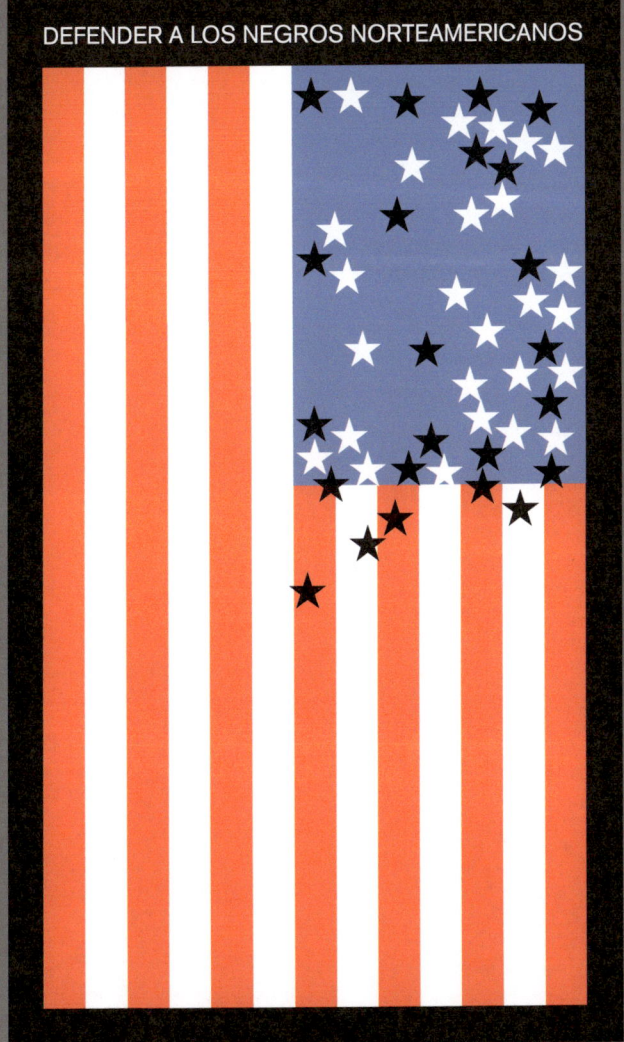

DEFENDER A LOS NEGROS NORTEAMERICANOS

Cartel de solidaridad · Departamento de Orientación Revolucionaria · 1969

FOCUS / ENFOCAR

Simplicity is not a stylistic trend, the Baroque had the level of ornamentation that was required at that time, therefore, although it may seem a contradiction, it is evidence of synthesis. The Cuban period consisted of having to do more through less. There were no materials and sometimes that affected both the approach and the results.

La simplicidad no es una tendencia estilística, el Barroco tenía el nivel de ornamentación que se exigía en ese momento, por lo tanto, aunque parezca una contradicción, es una evidencia de síntesis. La etapa de Cuba consistió en tener que hacer más a través de menos. No había materiales y a veces eso afectó tanto el planteamiento como los resultados.

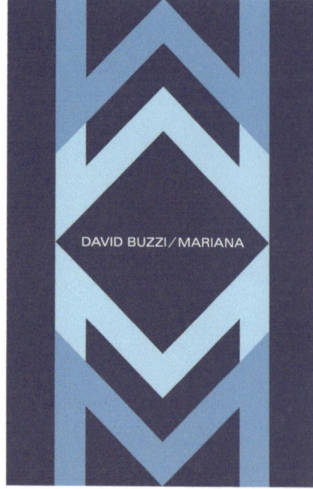

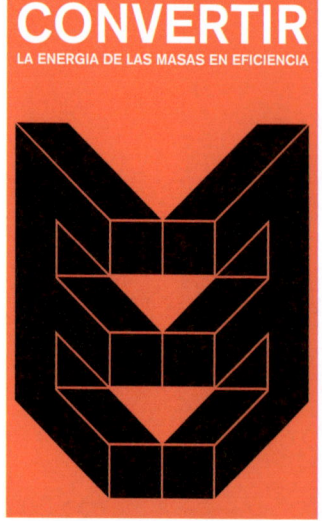

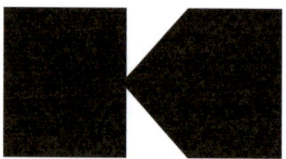

Master : Félix Beltrán

La productividad del trabajo, en última instancia, lo más importante, lo decisivo para el triunfo del nuevo régimen social. El capitalismo consiguió una productividad del trabajo desconocida bajo el feudalismo. Y el capitalismo podrá ser y será definitivamente derrotado porque el socialismo logra una nueva productividad del trabajo muchísimo más alta. Es una labor muy difícil y muy larga, pero lo esencial es que ha comenzado. Vladimir Ilich Ulianov Lenin, Obras Escogidas Tomo 3, Pág. 247

ATTEMPTS / TENTATIVAS

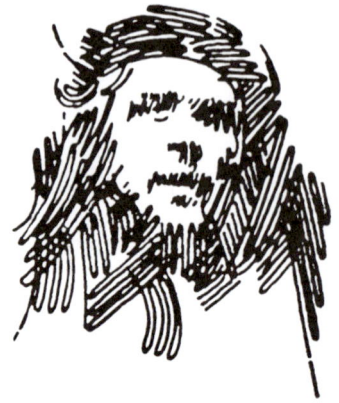

For me, experimentation is fundamental, it is a constant in my development, since I always try to find new possibilities to express content or ideas. When the hen is in crisis, the egg that she lays is in crisis. These crises lead to consequent results. People are superficial and want to get ideas quickly. Everything is manipulation, without a doubt. Design, fundamentally, deals with social sciences and social sciences are not exact sciences.

Para mí la experimentación es fundamental, es una constante en mi desarrollo, puesto que siempre pretendo encontar nuevas posibilidades para expresar los contenidos o las ideas. Cuando la gallina está en crisis, el huevo que pone está en crisis. Estas crisis propician resultados en consecuencia. La gente es superficial y quiere sacar ideas rápidas. Todo es una manipulación, indudablemente. El diseño, fundamentalmente, trata de ciencias sociales y las ciencias sociales no son ciencias exactas.

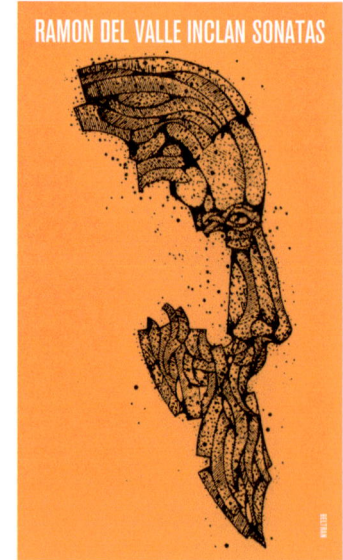

RAMON DEL VALLE INCLAN SONATAS

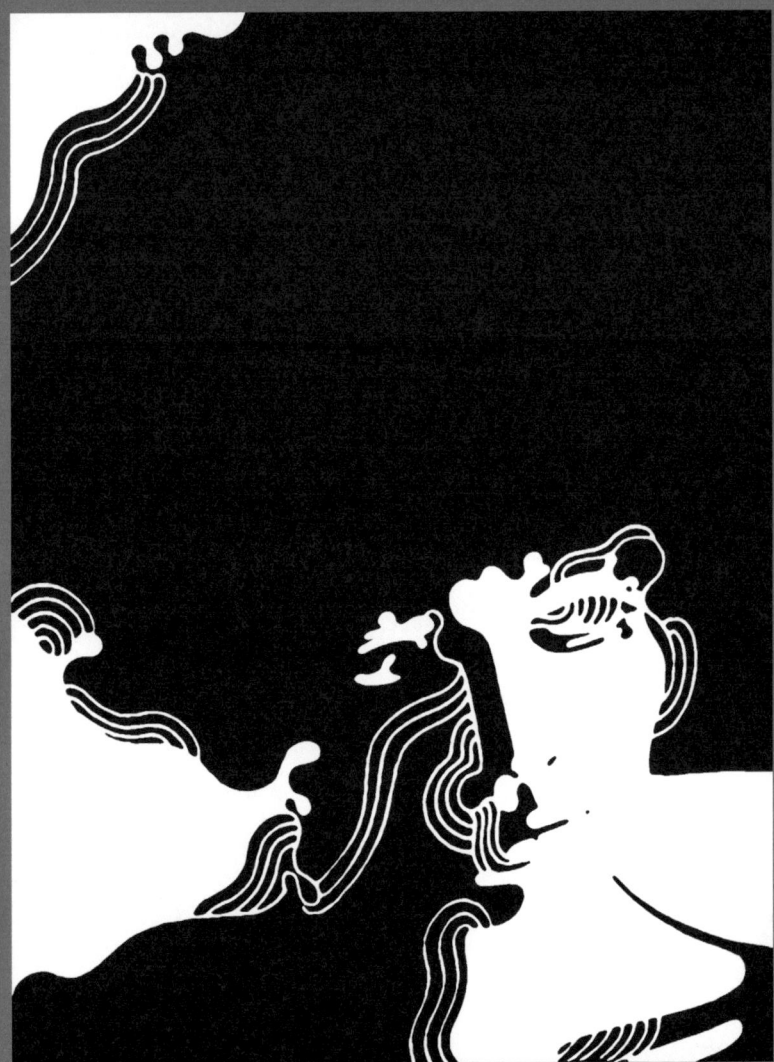

Ilustración · Ángela Davis · 1971

IMPROVE / MEJORAR

Working, working and working
is the only alternative. Working for
what can really generate satisfaction
due to its social implications.
Graphic design must encourage
power more by promoting and
encouraging justice to improve
society. I myself am not aware of
my work. I am always dissatisfied
with what I do, sometimes I see
it and say, I don't like this!

Trabajar, trabajar y trabajar,
es la única alternativa. Trabajar para
lo que pueda realmente generar una
satisfacción por sus implicaciones
sociales. El diseño gráfico ha de
alentar más al poder promoviendo
e impulsando la justicia para mejorar
a la sociedad. Yo mismo no me
percato de mi trabajo. Siempre estoy
inconforme con lo que hago, a veces
lo veo y digo ¡esto no me gusta!

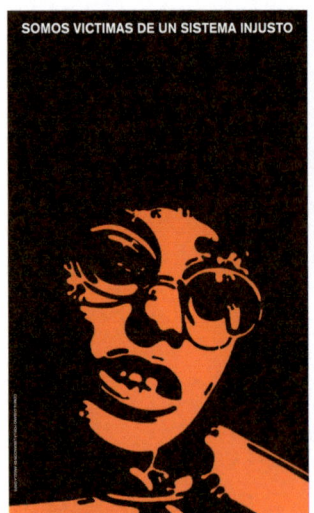

SOMOS VICTIMAS DE UN SISTEMA INJUSTO

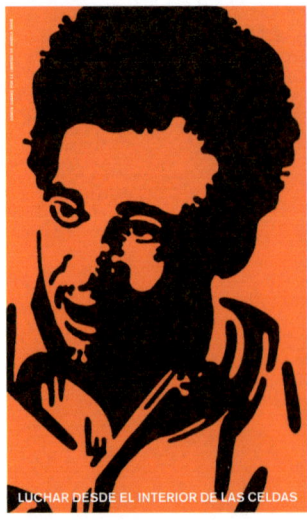

LUCHAR DESDE EL INTERIOR DE LAS CELDAS

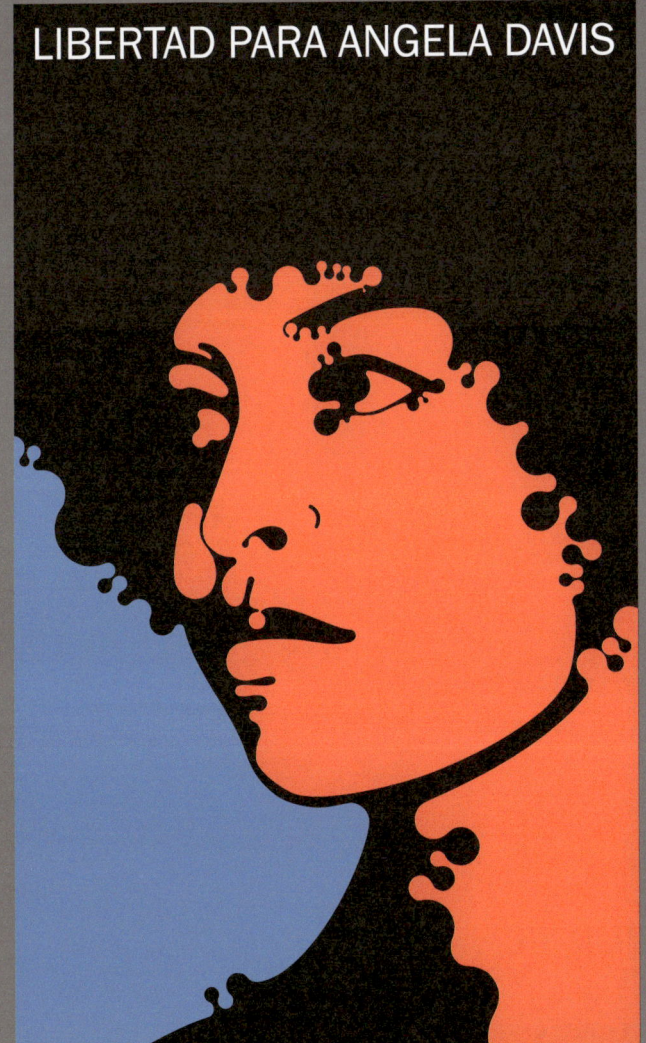

LIBERTAD PARA ANGELA DAVIS

Cartel de solidaridad · Departamento de Orientación Revolucionaria · 1971

Iberoamérica Gráfica. Maestros:
Félix Beltrán

—

Gabriel Martínez
Sonia Díaz
Felipe Taborda

—

Teresa Camacho (Approach/Enfoque)

—

© 2025, Félix Beltrán
© 2025, de la presente edición:
Experimenta Editorial
Calle Investigación 7.
Pol. Ind. Los Olivos 28906
Getafe, Madrid, España
www.experimenta.es

—

Dirección editorial:
Marcelo Ghio

—

Dirección de la colección:
F/G/S GRAPHICA
Felipe Taborda
Gabriel Martínez
Sonia Díaz

—

Ideación, edición y diseño:
F/G/S GRAPHICA

—

ISBN: 978-84-19555-29-8
Depósito Legal: M-2605-2025

—

Printed in Spain - Impreso en España

—

Impreso en Gráficas Muriel S.A.
Getafe, Madrid

—

IN MEMORIAM
Félix Juan Alberto Beltrán
Concepción (La Habana,
23 de junio de 1931–México,
28 de diciembre de 2022)

Queremos dar las gracias
a Félix Beltrán, Teresa
Camacho, Dulce María Castro
Val, Felicia Freedman, Jens
Müller/Katharina Sussek
(Optik Books), Steven Heller,
Marcelo Ghio (Experimenta),
Isabel Fernández (UCM)
Pepe Menéndez, Claudio
Sotolongo, Sito de Cerro y
muy especiamente a Chikako
Tatsuuma (kyoto ddd
gallery) y Bettina Richter
(Museum für Gestaltung
Zürich)

—

Y a nuestros alumnos de
Artediez que colaboraron
en la edición gráfica y el
trazado de imágenes para
la exposición *Félix Beltrán
Inteligencia Visual*: Najib
Belali, Rocío Coronado,
Marta Martín López, Daniel
Álvarez Cienfuegos, Olga
García, Patricia Carolina
Rangel y Johana Zelada

—

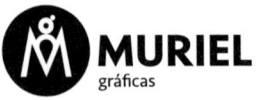

MURIEL gráficas

graphic **iberoamérica** gráfica

Colabora:
La escuela pública de
arte y diseño de la
Comunidad de Madrid

ARTEDIEZ